谷川浩司
山中伸弥

還暦から始まる

講談社+α新書
プラスアルファ

はじめに

谷川浩司

最近、愕然としたことがあります。

二〇二四年四月二十日、石川県加賀市で行われた第九期叡王戦第二局の立会人を務めました。藤井聡太叡王が同じ二十一歳の伊藤匠《たくみ》七段に敗れ、藤井八冠のタイトル戦における対局の連勝は十六で止まり、歴代トップの十七連勝には及びませんでした。

記録係を務めた上野裕寿《ひろとし》四段は二十歳。じつはこの三人は将棋界で二番目、三番目、四番目に若い棋士です。そして三人の年齢を合わせると、ちょうど私の六十二歳になります。

勝負の行方とは別に、自分が現役棋士三人分の年齢に達していたことに衝撃を受けました。同時に、そんな四人が対局室で別々の立場から同じ将棋盤を見つめていることが、とても愉快に思えました。

この春には、棋士生活最長五十年の青野照市九段が引退することが決定したため、棋士生活四十七年の私が将棋界で現役最長になります。やはり驚くとともに感慨を覚えざるを得ません。

そんな折に「老い」や「長寿」をテーマとして、同い年の山中伸弥さんと対談の機会をいただいたことに不思議な巡り合わせを感じます。

対談の場は京都大学iPS細胞研究所（CiRA《サイラ》）でした。山中さんの気取りのないお人柄と巧まざるユーモアに促されて、次々に話題が展開していきました。

心身の衰えを実感する体験談から始まって、互いの健康法、iPS細胞による健康寿命を延ばす研究、AI（人工知能）による老化防止の可能性、シニア世代が社会で果たす役割、それぞれの死生観……。時に脱線しつつも、自らの経験をもとに誰もが必ず直面する生老病死をめぐる意見を交わしました。

山中さんのグループが世界で初めて作製に成功したiPS細胞が、健康寿命を延ばす可能性や遺伝子研究の最先端には目を見張りました。その一方で研究開発に伴うご苦労も伺いました。サイラの壁一面には寄付者の名前がびっしりと並んでいます。サイラほどの最先端の研究所でも、十分な資金を確保するため山中さんが研究の傍《かたわ》らフルマラソンに挑み続けて寄付金を募っている、その姿に感嘆させられました。

しかも「走ることは人生の一部」とマラソン人生を謳歌されています。還暦を過ぎてフルマラソンを完走する大変さに比べると、対局の困難など及びもつきませんが、長時間にわたる順位戦に重圧や疲労を覚えた時には山中さんの顔を思い浮かべて乗り切ろうと思っています。

「個人の健康寿命も大切ですけれど、社会の健康も大切です」という言葉が印象に残っています。増える一方の国民医療費や医薬品の高額化による医療格差を憂慮された指摘です。少子高齢社会の日本でできるだけ長く心身ともに健康を維持することは、それぞれの幸福のためばかりではなく、じつは社会貢献にもつながるということです。

日米の年長世代に対する捉え方の違いも興味深く伺いました。山中さんは日本とアメリカを毎月往復して生涯の研究テーマを追究されています。年齢差に左右される日本と能力最優先のアメリカ。そのどちらも否定することなく、文化の違いとして楽しまれている気持ちの余裕、さらに自分と異なる若い世代の発想や考え方に学ぶ謙虚な姿勢を見習いたいと思います。

その姿勢は将棋への取り組みにも深く関わります。二〇二四年三月に終わったB級2組の順位戦では、七勝三敗の好成績を収めることができました。十二年ぶりの勝ち越しで、久々に昇級の可能性を残して最終局を迎える充実した一年を過ごしました。数年前から研究に取り入れたAI、研究会での若手棋士による刺激が大きな力になりました。

私たちシニア世代は若い世代から刺激と力を得る一方で、自分の経験と知見という財産を後続世代に伝えていくという役割を担っています。

日本将棋連盟創立百周年となる二〇二四年の秋、東京と大阪に新しい将棋会館が完成します。東京の将棋会館は私が十四歳で棋士になった一九七六年に開館しました。将棋界の拠点も一新し、より良いかたちで次世代に受け渡していきたいと思っています。

大変ご多忙のなか、得がたい時間を共に過ごさせていただいた山中さんに心から感謝申し上げます。そして読者のみなさんにとって、この対談が自らの老後や人生を考えるヒントとなり、充実した日々を過ごす糧になれば幸いです。

目次

第四章　マラソンは健康長寿につながりますか

第五章　ＡＩで老化を防げますか

第六章　いつまで現役を続けますか

第八章　どんな死を迎えますか

第一章　六十代からの人生に希望はありますか

還暦という節目

山中　谷川さんは僕と同じ寅年ですよね。
谷川　はい。私は一九六二年の四月生まれです。
山中　僕は九月生まれなので、ちょっとだけ若い（笑）。実際になってみて実感したんですが、還暦の六十歳というのは本当に大きな節目ですね。やっぱり五十代は若かったなと痛感します。たとえば僕が趣味でやっているマラソンだと、五十代までは「練習すればするだけタイムは縮まる」と思っていました。でも六十になった途端、「これまでのようにはいかない」「相当な覚悟でレースに臨まないといけないな」と考えるようになりました。
谷川　六十歳でひと巡りというのは、やはり何かそれなりの理由があるんでしょうね。身体的なことで言えば、私も公式戦で朝から夜遅くまで戦っても、二十代、三十代前半のころは一日ぐっすり休めばリセットして、また普通に対局できたんです。たとえば火曜日に対局して、水曜日に休んで、木曜日また対局ということも可能でした。対局が多いときは持ち時間が四時間の対局を連日でということも普通にありました。
　それが四十代に入ってからは、なかなか疲れが取れなくなってきました。だんだん年代が上がってくると、いくら寝る時間が遅くても、朝六時、七時ぐらいには目が覚めてしまいます。これは同年代の方だと、ある程度おわかりいただけると思いますが。

山中　わかります。

谷川　それから、もともと近視と乱視があるんですけれども、じつは老眼もかなり入ってきました。もちろん、五十過ぎから少し不自由はしていたんですが、遠近両用の眼鏡を使わずに頑張っていました。けれども、さすがに不自由になって、最近、遠近両用を常に使うようになりました。

山中　最近ですか。僕はもう十年ぐらい前から、遠方用と手元用のバイフォーカル（二重焦点）レンズの眼鏡ですよ。でないと、眼鏡を外すことなしに名刺も見ることができない。

谷川　確かにそうですね。けっこう眼鏡を外して見ることが増えてきたので、そうするぐらいなら、もう遠近両用にしたほうがいいかなと。それで将棋の指し手も見えるようになればいいんですが（笑）。

山中　いや、そういう眼鏡もそのうち出てきますよ。理論的にはもう可能です。

谷川　そうでしょうね。眼鏡にＡＩ（人工知能）のチップか何かを仕込んで……。

山中　そうそう。テストの答えも全部レンズの端に出てくる。

谷川　もちろん、対局中はスマホや電子機器は禁止ですけど。

山中　僕がつくってほしいのは、人に会ったら、その人の名前や過去にいつ会ったかを表示してくれる眼鏡。人の名前が全然覚えられないので。

谷川　あれは本当に困ります。やっぱり顔や名前を知られている人は不利ですね。相手はあいさつをする前からこちらを知っているのに、こちらは相手のことがわからないわけですから。

山中　優しい人は「あっ山中先生、どこどこの何々です」と言ってくれる。それが「山中先生、お久しぶり」だけだと「はぁ」と生返事をして数分間、話すこともあるんですけど、「うーん、誰やったかな」(笑)。一番つらい。

谷川　二十六年前に紅白歌合戦の審査員をしたことがあって、同じく審査員だった吉永小百合さんは少し将棋も指されるので、「吉永でございます」と向こうのほうからあいさつされて。いやいや、もちろんよく存じ上げていますよ、と(笑)。実力と人気のある方はやっぱり違うなと思いました。

山中　うらやましいなぁ。

パスワードが覚えられない

谷川　人の名前もそうですが、最近は短期記憶の衰えが気になります。自分の指した将棋の棋譜をきちんと覚えていないことがありますね。以前、ある先輩棋士から言われたことがありまして、「新幹線のチケットの座席番号を何度も取り出して確認するようになったら、歳を取った証拠だぞ」と。確かに若いころは一回見たら、もうそれで大丈夫だったんですが、年齢を重ねていくにつれて、一回見ても何か不安になって、また見るようになっています。「ああ、来たな」と思いました。

山中　それで言うと、いま、いろいろなパスワードがあるでしょう。

谷川　ああ、確かに覚えられませんね。

山中　二段階認証で携帯電話にメッセージで六桁の番号が送られてきて、それをコンピューターに入力してください、と言われる。それで一回携帯を見て、それを覚えて、コンピューターに打ち込むときにものすごく不安になる。ほんまか、この六桁（笑）。若いときはそんなことあり得なかったと思うんですが。

谷川　いま、パスワードは数字だけではなくて、アルファベットで小文字とか大文字とかいろいろ入れなければいけないことがあるので、本当に大変になってきていますよね。

山中　全然覚えられない。

谷川　あとは頭の瞬発力ですね。簡単な詰将棋であれば、二十代のころは局面をパッと見て、二、三秒で解くことができたんですけれども、そういう瞬発力が三十歳ぐらいからでしょうか、「あれ？　いままでのようにはいかないな」と思うようになってきました。ひょっとすると、その少し前から衰え始めていたのかもしれません。

山中　瞬発力と言っていいのか、僕は高校、大学のときは数学がすごく得意で、それこそ問題を見たらすぐに答えがわかるみたいな感じだったんです。いまは新聞にときどき載っている大学入試の問題を見ても、答えが全然出てこない。「こんなの昔、解けていたのかな」と思うと、残念無念です。

谷川　以前できていたことができなくなるわけですからね。

頭の瞬発力が落ちてきた

山中　将棋は結果が勝敗に表れるので、能力の衰えがわかりやすいと思います。人によって違いはあるかもしれませんけれど、全体として見ると、棋士のピークはいつごろになるんですか。

谷川　やはり昔よりもいまの棋士のほうが、トップに達する年齢は若くなってきていますね。以前、ピークは三十歳と言われていましたが、いまは二十五歳ぐらいでしょうか。藤井聡太さんもよく「二十五歳までは強くなれるので、そこまでは自分はすべてを尽くして将棋に専念したい」と言っています。

その二十五歳でトップに達して、どれだけ長くそれを維持できるかが、その人の才能であり、日ごろの精進ということになると思います。五年で力を落としてしまう人もいれば、羽生善治さんのように二十五年以上、長くトップで戦い続けている人もいます。

山中　どんな棋士でも四十、五十と歳を取ってくると、「昔のほうが強かった」というように勢いが衰えてしまうのは、どういう力が失われていくんでしょうか。スポーツだとフィジカルな能力が二十代、三十代をピークに落ちていきますからなんとなく理解できるんですけど、将棋や囲碁の場合、どんな能力が年齢によって落ちていくのか。経験値はむしろ上がっていきますよね。

谷川　そうですね。経験も大切なんですが、三十歳を過ぎていくと、先ほどお話ししたように、間違いなく記憶力や集中力、頭の瞬発力が落ちてきます。

山中　頭の瞬発力ですか。スポーツの瞬発力ならすごくわかりやすいですけれども、将棋の瞬発力というのは――。

谷川　パッとその局面を見た瞬間の判断力、局面の認識能力、直観ですぐにいくつかの手が浮かぶかどうか、ということでしょうかね。

山中　なるほど。将棋の場合、経験値よりも頭の瞬発力が勝負を左右するということになるんですね。

谷川　それがやっぱり若いころのほうがありました。将棋は時間の要素がすごく大きいんです。対局の最後になると、一分将棋や三十秒将棋という秒読みになることが多いんですけれども、その中でどれだけ考えられるかというと、十代後半、二十代のほうが速く深く読めました。

山中　となると、脳内の処理能力、つまり処理のスピードですか。

谷川　ええ。だんだん年齢が上がっていくと、読むスピードが遅くなってきます。それをなんとか経験でカバーできるかどうか。昔なら二十手先を読めていたのが、もう十手先ぐらいまでしか読めないけれども、それまでの経験を生かして判断することになります。

いまは一年前と同じ力であれば、私はプラスだというふうに考えています。若いうちは一年前と同じではダメだったんですけど、何歳かを境にして、そういうふうに変わりましたね。

山中　スポーツだと、その人の潜在能力をいろいろな身体機能の測定で表せますよね。マラソンだと最大酸素摂取量などで、その人がどれだけ走れるかを客観的数字として予測できるようになっています。いま言われた脳の中の瞬発力とか記憶力というのは、客観的に評価できるものなんですか。

谷川　なかなかそれは数値化できないでしょうね。

山中　それが客観的に評価できれば、この人がどこまで強くなるかが、ある程度わかるんでしょうね。

アイデア不足は経験で補う

山中　僕がこの歳になってすごく感じるのは、アイデアの枯渇ですね。同じ年代の研究者やもっと年配で現役の研究者とよく話をしているのは「アイデアが若いときのようには出てこない」ということです。人によっても違うと思いますけど、研究者の場合、ひらめきとか発想力、クリエイティビティといった頭の柔軟性は二十代ぐらいがピークで、あとは少しずつ確実に下がっていく一方のような気がします。

人が考えつかないような研究をするのが僕たちの目標なんですけれども、若いときはうまくいくかどうかは別にしても、いろいろなアイデアが次から次に出てきました。いまから思えば、頭が柔らかかったんですね。アイデアが溢れんばかりで、あれもしたい、これもしたいと出てきすぎて困っていたくらいなんですけれども、いまはそれが絞り出さないと出てこないようになっています。

谷川　自由な発想力は若い人にかなわないということですか。

山中　はい。いまの自分と若いころの自分を比べると、アイデアを生み出す想像力とかクリエイティビティは確実に下がっています。気持ちは若いんですけれども、そういう意味では「脳そのものがだいぶ変わったな」と実感します。

ただ、発想力は下がってアイデアは出てこないけれども、その一方で経験はいろいろ積んでいるので、アイデアの不足は経験で補う。言葉は悪いけど、経験に基づいた悪知恵で想像力の低下をカバーするしかない、という話は研究者仲間とよくしています。

経験が新発見の邪魔をする

谷川　いま、経験ということをおっしゃいましたけれども、経験というのもプラスに作用することもあれば、マイナスに作用してしまうこともあるように思います。

山中　それはすごくありますね。それまでの経験から「これはできるはずがない」「きっと失敗する」とブレーキをかけてしまって、それが原因でリスクの高い研究に挑戦できない場合があります。研究に知識や経験は当然必要なんだけれども、それが時に邪魔することがあるんですね。じつは若い人もそうなんです。

そもそも僕たちが目指すのは、人が考えつかないような研究です。そのためには、突拍子もないことを一か八かでやってみて、研究の糸口になるものを見つけるしかありません。でも、その試みはだいたい失敗します。その苦い経験がブレーキになって、突拍子もないことをしなくなったら、新しい発明は生まれません。山ほど失敗する中で、なかにはうまくいくものがあって、iPS細胞はその最たるものなんです。

谷川　そうなんですか。

山中　はい。iPS細胞発見の立役者の高橋和利君（現在CiRA准教授）は、もともと生物学とはまったく関係のない工学部出身なんですよ。大学院生として初めて僕の研究室に来たときは、本当にびっくりするぐらい何も知りませんでした。生物の専門家は、たとえば皮膚の細胞から臓器や神経の細胞をつくるなんて突飛な研究には、普通は怖くて手を出せませんよ。成果を出さないと研究費はもらえませんからね。

「知らぬが仏」で、知っていたら怖くてできないことも、知らないから怖いもの知らずで「じゃあ、やってみようか」とやってしまえたりします。僕の場合、もともと医者でしょう？　だから誰も手を出さない研究に挑戦して、もしダメだったらまた医者に戻るという選択肢があったことも、iPS細胞発見の背景にあると思います。

谷川　失敗覚悟でリスクの高いことを何度も繰り返し、百回目、二百回目にやっと成功する。新しい発見や発明は、そうやって生まれるということですね。自然な発想の積み重ねであれば、当然、他の人もたどり着いているはずですから。

山中　そうなんです。他の人と違うことをやるにはどうすればいいかということについて、僕は三つのパターンしかないと言っています。一つはニュートンやアインシュタインのように生まれながらの天才、あるいは他の人が思いつかないことを思いつく天才的な人間というパターンです。ただ、これは滅多にいない。僕もまったく縁がありません。

二つ目は、他の人も考えつくような実験をしていて、まったく予想していなかった結果が返ってきたとき、それを追究していけるかどうか。人間が考えることには限界があるけれども、自然はまだまだ未知数ですから、実験という手段で自然に問いかけると、自然がちょっとヒントをくれて導いてくれることがあるんです。それは他の人と違うことをやり出せるチャンスです。

三つ目は、「これができれば素晴らしい」とみんな思っているけれども、「やってもできないだろうな」とあきらめて誰もやっていないことにあえて挑戦する。それがうまくいけば、他の人と違うことができます。iPS細胞発見のパターンです。

歳を重ねると、一番目の天才的なひらめきにはさらに縁遠くなるので、僕はいま、二つ目に頼っています。

六十代からでも進化できる時代

谷川　将棋の場合、ひらめきというのは、もちろん基礎的な知識や経験の積み重ねがあって生まれるものでもありますね。それは若いときでも、この年代になっても同じだと思います。

ただ、経験のプラス面とマイナス面について、この年代になってつくづく思うのは、新しいことに好奇心を持ってチャレンジすることはもちろん大事ですけれども、もっと重要なのは、自分の専門分野、得意分野でこそ学ばなければいけないということです。専門分野だと経験があるものですから、それに頼って、経験にものを言わせてしまいがちです。じつはそれが危険をはらんでいて、失敗につながることがあります。時代はどんどん変わっていくので、経験が通用しないことがあるからです。

山中　むしろ経験が邪魔になることがある。

谷川　はい。特に将棋の場合、ＡＩ（人工知能）の登場で、これまでの常識や感覚が絶対に正しいというわけではなかったことがわかってきて、私たちは五十代になってから、若い棋士と同じように、将棋を一から見つめ直さなければいけなくなりました。

山中　医学研究の世界でも、実験手法の進歩の速度が速すぎて、僕らの世代ではなかなか理解できないですね。測定方法も大量のデータの解析もコンピューターにかなり精通していないと扱えません。さらにいまはＡＩも取り入れて解析しますから、若い研究者から教えてもらわない限りできません。

谷川　そうですね。ただ、それは逆に言うと、チャンスでもあると思っています。もちろん若い人のほうが抵抗なくＡＩと付き合いができるし、分析や情報処理の精度も能力も高いはずです。でも五十代、六十代の能力がゼロということはありません。いままで培ってきた感覚的なもの、経験とＡＩの能力をうまく組み合わせることができれば、ひょっとするとまだこれから進化できるかもしれません。

ＡＩによって、私たちの世代にそういう可能性が広がったのはとても大きなことだと思います。六十代からでも進化の可能性を模索できる時代になったということです。五十代、六十代の脳の力はそれまで落ちていくだけでしたけれども、ＡＩを取り入れることが脳の衰えを抑える一つの方法になるのではないかとも思います。

山中　それは一つの希望ですね。

谷川　昭和の時代は、将棋に強くなる環境が本当に乏しかったんですが、データベースやインターネットといった情報環境がどんどん整備されて、いまの若い人たちはＡＩという大きな道しるべを得て、強くなる環境は明らかに整っています。

ただ、私たちやそれ以前の世代が誇れることは、道なき道を自ら切り開いていった、自分の力だけで考えて強くなったということだと思います。そこは若い人たちにはやや足りないところではないかと思います。それは年齢を重ねていっても、感覚的なものとしてあまり衰えずに残るもののかな、という感じがしますね。

第二章　ｉＰＳ細胞でどれだけ健康寿命は延びますか

健康寿命を延ばす二つの方法

谷川　山中さんはいま、ｉＰＳ細胞（人工多能性幹細胞）の分野で「老化の研究」にも取り組まれていると伺いました。現在、どこまで研究が進んでいるんでしょうか。

山中　僕が上級科学アドバイザーを務めているアメリカの「アルトス・ラボ」というライフサイエンス企業からの受託研究という形で、二〇二二年から「老化研究プロジェクト」を始めました。いろいろな病気の背景として細胞の老化が共通してあるので、そのプロセスをｉＰＳ細胞の技術を用いて解明できたら、病気の種類に関わらず、病気を予防したり進行を止めたり治療したりすることができるのではないかというアプローチです。

歳を重ねるごとに細胞の機能が低下し、病気になりやすくなったり回復が遅くなったりします。将来、細胞の老化を防止できるようになれば、病気予防にもつながるかと思います。

よくアメリカのＩＴ長者たちが「不老不死」の研究に巨費を投じているといったことが言われていますけども、僕自身は不老不死にはまったく興味がなくて、あくまでも健康寿命を延ばすための研究をしています。

谷川　「健康寿命」というのは具体的にどういうことを指すんでしょうか。

山中　健康寿命とは、日常的に医療や介護に頼らずに、自分がやりたいことを自分の力でできる期間のことを指します。健康寿命を延ばすことが、このサイラ（ＣｉＲＡ）が目指していること、というか医学研究の目標の基本はそこにあると思います。

健康寿命を延ばすためにｉＰＳ細胞を生かすには、大きく言うと二つの方法がありま す。日本人の平均寿命はいま、男性が八十一歳、女性が八十七歳ぐらいですが、健康寿命はだいたい平均寿命マイナス十歳ぐらいなんです。じゃあどうして十年の差があるのかというと、歳を取るといろいろな病気やけがをしたりしてしまうからです。がんや認知症、足腰や膝の故障。そうした健康寿命を縮めている一つ一つの病気やけがを研究して、予防はもちろん、治療法を考える。そうして平均寿命と健康寿命の差を一年でも二年でも縮める。具体的にはｉＰＳ細胞を使った再生医療や新しい薬で治療するという方法がまず一つです。その研究を十五年以上、ずっと続けています。

谷川　その研究方法が、サイラでは主流ということですね。

山中　そうです。従来もいまも主流ですけれども、もう一つ、最近注目されているのが、個々の病気ではなく、老化そのものを一つの現象として捉える研究で、「老化研究プロジェクト」で進めているものです。同じように暮らしていても、若いときは認知症になる人は非常に少ないし、膝が痛くなって歩けなくなる人も滅多にいません。難病のパーキンソン病になる人も二十代、三十代では非常に少ないわけです。

でも六十、七十になると、なんらかの病気になったり、運動器疾患が起こったりします。どうして歳を取ると、いろいろな病気になりやすくなるのか。加齢に伴って、人の体をつくる細胞の余力がどんどん減っていき、ちょっとしたことで病気になってしまうんです。じゃあ同じ細胞なのになぜ余力がどんどん減っていくのか。余力が減らない方法や、減ってしまった余力を取り戻す方法はないのか。一つ一つの病気の研究も大切ですが、細胞の老化そのものに焦点を当てていくアプローチで健康寿命を延ばそうという研究です。

細胞の余力を回復させる

谷川　いまおっしゃった「余力」というのは、具体的にどういうことでしょうか。

山中　最近、「レジリエンス」という言葉が使われるようになっていますね。「回復力」とか「復元力」と訳されますけれども、それに近い考えです。レジリエンスという言葉をよくメディアで見るようになったのは、二〇一一年の東日本大震災の後だったかもしれません。大変な経験をされても、ある人はそこから立ち直って前向きに次の人生を歩まれています。でも同じような経験をされても、そこからなかなか立ち直ることができない人もいます。それを指して当時、「レジリエンスが強い」「レジリエンスが弱い」と表現されていました。

それは精神的なレジリエンスですが、同じことが私たちの体をつくっている細胞にも言えて、同じ細胞であっても、若いときの細胞はレジリエンスが強くて、外からいろいろな負荷がかかって少々調子が悪くなっても病気にならない。それが加齢とともに弱くなって病気になりやすくなる。なぜレジリエンスが低下してしまうのかを解明して、低下させないようにしたり回復させたりして健康寿命を延ばす方法を発見するという研究です。

夢のような話と思われるかもしれませんが、現在のさまざまな科学的な成果は、昔はすべて夢やＳＦの世界のことと考えられていましたからね。

谷川　「夢のような」ということですが、その研究はいま、どれくらいの段階にあるんでしょうか。

山中　最近、始まった考え方なので、これで何か病気が治ったとか治りそうだという成果はまだないんです。たとえば皮膚や血液をつくる細胞はどんどん入れ替わって、一年もしたら全部入れ替わっています。けれども脳の細胞は、生まれたときから基本的にはほとんど増えたり減ったりしないと言われていたんですけれど、いまは多少増えるということが証明されています。以前はまったく増えないと言われていました。また、加齢とともにいろいろ悪さをする物質がだんだん細胞に溜まってきて、それが原因で認知症になったり、パーキンソン病になったりすることもわかっています。

では、そうした物質をいかに溜めないようにするか、いかに減らすか。もしくは溜まっても病気にならないように余力を与えられないかというアプローチができるんじゃないかなと考えています。そういう形での健康寿命を延ばす挑戦も最近始めました。

一種類の細胞が原因で深刻な病に

谷川　それはつまり、老化した細胞を若返らせるということになるのでしょうか。

山中　そうです。「若返り」というと科学的ではないイメージを持たれるかもしれませんが、実際、たくさんの人が苦しんでいる病気のかなりの多くは細胞や組織の老化によって引き起こされている状態ですから、病気を本当の意味で治していくためには、いかに老化の速度を緩めるか、もしくはいかに老化で落ちた機能を戻すかということになります。

アルツハイマー病にしても、パーキンソン病にしても、脊髄損傷にしても、寝たきりになってしまう大変な病気ですけれども、原因は一種類の細胞だけなんです。パーキンソン病は脳の奥の小さな領域でドーパミンという物質をつくる神経だけがダメになって全身が冒《おか》されます。アルツハイマー病は脳のかなり広い範囲ですけど、大脳皮質細胞という一種類の細胞の問題です。心不全も心筋細胞です。だからその一種類の細胞の機能さえ元に戻してあげたら、その人は基本的に元気になるはずです。

いまは圧倒的に一つ目のアプローチが進んでいて、個別の病気やけがに対処するための研究が臨床に近づいています。二つ目のほうは、まだこれからです。でも、もしかしたら五年後、十年後には逆転していて、老化のスピードを遅くしたり、細胞の余力を回復させたりすることができるかもしれません。

谷川　それが実現すれば、人間の新たな可能性が開けるかもしれませんね。

iPS細胞を使った治療最前線

谷川　最初のほうのｉＰＳ細胞を使った病気やけがの治療は、いまはどこまで進んでいるんでしょうか。

山中　病気やけがの種類は山ほどあって、それぞれこのサイラだけでも何十というプロジェクトが進んでいて、研究者の数だけでいうと数百人も関わっています。

谷川　私たちがニュースでまず知ったのは、確か網膜の再生医療でした。

山中　理化学研究所の髙橋政代先生（二〇二四年四月現在・株式会社ビジョンケア）のチームによる加齢黄斑変性に対する臨床試験ですね。世界で初めてiPS細胞からつくった細胞を移植する手術が行われました。それから角膜の病気に対するiPS細胞を使った研究も進んでいます。角膜がいろいろな原因で濁ってしまうと目が見えなくなります。亡くなった方の角膜をいただけて移植すると劇的に見えるようになるんですが、日本は亡くなった方からの移植が欧米に比べると非常に少なくて、角膜も含めて移植を待っておられる方がたくさんいます。

その代わりにiPS細胞から角膜上皮細胞シートをつくることに、大阪大学の西田幸二先生が成功されていて、それを患者さんに移植する臨床試験がもう終わっています。これはもしかするとiPS細胞を使った治療法では最初に実用化されるかもしれません。効果が劇的で、手術がしやすく、体の表面ですから何か変化があってもすぐわかりますから。

また、臨床応用に近い研究の一つが、パーキンソン病の治療を目指した研究です。サイラの髙橋淳先生らの研究グループは、ｉＰＳ細胞からドーパミン神経前駆細胞を作製し、患者さんに移植をするという臨床試験を行っています。

それから血液です。出血を止める働きのある血小板をｉＰＳ細胞からつくって、血小板の数が少ない病気の患者さんに輸血する臨床試験も行われました。

それ以外では、重症心不全や脊髄損傷、膝の関節軟骨損傷、ロやのど、卵巣のがんの臨床試験が進んでいます。がん細胞を攻撃する免疫細胞をｉＰＳ細胞からつくって、それを増やしてから体内に移植してがんを治療するわけです。

谷川　がんは歳を取るに従って増える病気ですよね。いま、日本人の二人に一人がかかって、三人に一人ががんで死亡すると言われています。どこにがんができるかによって違うとは思うんですけれども、その意味では普通の病気になってきていると思います。

山中　そうですね。いまはがんが健康寿命を損なう最大の理由と言ってもいいと思います。がんは転移して、転移して、最後は全身のいろいろな部位が冒されてしまいますけれど、もともとはどこか一ヵ所の細胞が変異して引き起こされる病気です。

本来、自分の味方だった細胞が、いきなり敵になってしまう。免疫細胞が最初の「内なる敵」として攻撃しようとするんですけど、がん細胞は本当に狡猾で、免疫細胞から逃れるすべを身につけるんですよね。がんを狙って攻撃する免疫細胞をｉＰＳ細胞からつくり、がんを治療できれば、健康寿命の延長に貢献できると期待しています。

頭を使う棋士は認知症にならない？

谷川　歳を取るに従って多くなるのが、いま言われたがんに加えて認知症ですね。私たち棋士は「いつも頭を使っているので、認知症にはならないでしょう」とよく言われるんですが、頭を使っているといっても、脳の一定部分を集中して使っているような感じなので、認知症予防になるのかどうかよくわかりません。

　肉体が衰えていくことは仕方ないし、記憶力や判断力が低下していくのも、ある程度年齢を重ねていくとやむを得ません。脳が衰えていくのは、残念ながら避けられないと思います。ただ、認知症になると、人間としての尊厳が失われていき、家族との関係が悪化していく可能性もあるので、不幸な状況になりかねないという不安があります。認知症になりたくないと思っていても、これもなかなか思うようにはいかないのが現実です。認知症治療のアプローチとしてｉＰＳ細胞を活用するということも考えられているのでしょうか。

山中　そうですね。ｉＰＳ細胞の医療への応用は、ｉＰＳ細胞からつくった心臓の細胞や神経の細胞を移植して体の機能を再生する「再生医療」という使い方と、もう一つは移植をせずに、実験室で病気の発症や進行を抑える薬の研究をする「創薬」との二つがあります。

認知症の中では、アルツハイマー病が占める割合が七割近くと最も高いんですが、アルツハイマー病の再生医療は大変なんです。この病気は大脳全体が萎縮していきますから、それを補うために、もし外から脳の神経細胞を大量に移植してしまうと、これまでの記憶を失ってしまう可能性があります。新しくつくられた回路が、もともとあった回路を侵食してしまって、自分が誰だかわからないような状態になりかねません。

谷川　別の人格になってしまう恐れもあるということですか。

山中　ええ。だからアルツハイマー病の場合は、創薬の研究になります。サイラでは、井上治久教授らのグループが家族性のアルツハイマー病について研究をしています。家族性アルツハイマー病は遺伝子の変異が原因で起こるので、アプローチしやすいんですね。iPS細胞から家族性アルツハイマー病になった神経の細胞をつくって、その細胞に多数の候補薬を振りかけると効果がある薬が確認されました。その薬は、パーキンソン病などの治療薬として用いられている既存薬でした。

二〇二〇年から始めた医師主導治験の結果、治験に参加された患者さんの人数に限りがあるものの、新たな副作用はなく、症状の進行を抑える傾向もみられました。規制当局とも協議しながら早期の実用化を目指す方針です。ｉＰＳ細胞を使った創薬研究だけでなく、さまざまな研究方法によりこれからも効果のある薬が出てくる可能性はあると思います。

ただ、アルツハイマー病の中で「家族性」はごくわずかです。それ以外の、遺伝とは関係のない「孤発性」のアルツハイマー病が圧倒的に多いんです。家族性アルツハイマー病の原因遺伝子はわかっていますが、孤発性のアルツハイマー病もやはりなんらかの遺伝子が関係していると思われています。

その研究も進めていて、患者さんのｉＰＳ細胞からつくった大脳の細胞と、正常な人のｉＰＳ細胞からつくった大脳の細胞を比べると、部分的ですが違いがあります。その違いを抑えるような薬がないかを調べていくわけです。原因は多くの遺伝子の組み合わせかもしれませんが、その辺がわかってくると、どの患者にどの薬を使うかを特定したり、発症のリスクが高い人にはあらかじめ投与する、といったことがなされるかもしれません。

谷川　そうすると、認知症の予防ということにもつながりますね。

山中　はい。高血圧もそうです。いま、治療薬はいっぱいあって、血圧が高い方はみなさん、飲んでいますけれども、本当にそれが必要なのか、誰がどの薬を使えばいいか、本当は一人ひとり薬の反応が違うはずです。

いま、医学の大きな流れはパーソナライズド・メディスン、個別化医療と言って、患者さんの体質や病気に関連している遺伝子を細かく調べたうえで、一人ひとりの体質や病気のタイプに合わせた治療です。何千人という人間で薬の効果を全部確かめるのは手間も費用も大変です。それをiPS細胞で「ミニ肝臓」や「ミニ脳」をつくって、千人単位の反応を実験室で調べることができるようになっています。そして、一人ひとりの方に合った、より効果の高い薬を選ぶことができるようになります。そういう個別化医療への応用が、もしかすると再生医療以上に大切になるのではないかと思っています。

そんなふうに、さまざまな病気に関して、これからどんどん研究が進んでいくでしょう。でも、まだまだこれからが本番というか、長い長い時間がかかります。僕はよく「研究は短距離走ではなくてマラソンだ」と言うんですが、これに関しては超ウルトラマラソンみたいな感じですね。

ブタの体内でつくる人間の臓器

谷川　「ミニ肝臓」「ミニ脳」というのは、iPS細胞から神経や心筋、血液などの組織や細胞に分化して、臓器などに成長したもの、ということでしょうか。

山中　ええ、いわゆる「ミニ臓器」です。いままではiPS細胞から一種類の細胞だけをお皿で培養するので二次元のものしかなかったんですが、いまは三次元の立体的な臓器をつくる試みがなされています。

すごく不思議なんですけど、iPS細胞やES細胞（胚性幹細胞）を目の細胞に分化させていくと、勝手に丸くなったりして、本当の目と同じように何層か違う種類の細胞が層構造をつくったりします。脳も何種類かの細胞がバームクーヘンのように層構造になっていますが、これもiPS細胞が自然にそういう構造をつくって脳組織の一部を再現することがわかってきました。それをたとえば「ミニブレイン」「ミニ脳」と言ったり、臓器（オルガン）もどきだから「脳オルガノイド」と言ったりします。

その研究はじつは日本が一番進んでいるんです。肝臓のオルガノイドをつくって、肝不全の患者さんに移植する研究はまだ臨床試験まで進んでいませんが、近い将来、きっと実現するんじゃないかと思います。

それからサイラの長船健二先生の研究グループが腎臓のオルガノイドをつくっています。腎臓に袋がたくさんできて腎不全になる病気があるんですが、その患者さんのiPS

細胞から立体構造の腎オルガノイドをつくると、同じように袋ができるんですよ。同じものがたくさんつくれますから、異なる薬を一つ一つ試して、袋ができない薬がないかを探すわけです。すでに候補を見つけて、臨床試験が始まりました。

谷川　ずいぶん速く進んでいるんですね。

山中　予想を超えるスピードです。本当の人間の臓器をブタの体内でつくるという研究が進んでいます。遺伝子操作によって膵臓や腎臓ができないブタができるんです。膵臓や腎臓の形成に必要な遺伝子を壊したブタの受精卵の中にヒトのｉＰＳ細胞を入れると、補うようにしてヒトの膵臓や腎臓ができる。ブタの臓器の機能や大きさ、形はヒトと似ているんですよ。これはまだ研究段階ですが、マウスという小さいネズミと、ラットという大きなネズミの間だと、マウスの中でラットの膵臓や腎臓をつくったりということはもうできています。

谷川　それを使って臓器移植ができるのでしょうか。

山中　そうですね。将来的には慢性的に臓器提供者が不足している臓器移植に新たな道が開かれることが期待されています。たとえば、腎不全で人工透析が必要な患者さん。毎日もしくは週に三回、数時間の透析を行うのは負担ですよね。

iPS細胞ができて、わずか二十年も経たないうちに技術は急速に進歩しています。これからの二十年は、すごいことになっているんじゃないかと思います。

もちろん一方で、どこまでやっていいのかという議論はあります。臓器をつくるこの研究は、もともと東京大学医科学研究所幹細胞治療研究センターのセンター長だった中内啓《ひろ》光《みつ》先生が中心となって進めていましたが、日本では倫理的な規制で研究がなかなか進められなかったので、二〇一三年にアメリカに渡り、スタンフォード大学を拠点に研究されています。サイラの中にも、そうした生命倫理を研究する部門があり、研究を進めながら社会にどこまで受け入れられるのかという議論を並行して進めています。

実用化までの「死の谷」

谷川　「臨床試験」という言葉が何度か出てきましたが、臨床試験から実際の治療に応用できるまで、あとどれくらいかかるものなんでしょうか。

山中　臨床試験というのは、新しい治療法や医薬品を開発するために患者さんに協力していただいて、その有効性や安全性を調べる試験のことです。僕は長い長い治療法の開発で、臨床試験はマラソンにたとえると、ちょうど中間地点ぐらいかなと思っています。ここからが後半戦です。マラソンも後半のほうが大変ですし、リタイアする人の大半は後半です。だから、ここからが本当の勝負どころに差し掛かっていると思っています。

マラソンは一人のランナーが最後まで走りますが、臨床開発の前半は私たち大学とか公的研究機関の研究者が行って、後半は企業でなければできません。いまはちょうどバトンタッチの段階です。そこでけっこうバトンを渡し損ねたり、たすきがつながらなかったりすることがあるんです。つまり細胞医療の特徴として、後半になってゴールに近づけば近づくほどお金がかかるんですよ。すると科学的には期待できても、資金が続かなくなったために断念する例がよくあります。

事業化へのこういう壁を産業界では「死の谷」と呼んでいますけど、ここをしっかりバトンタッチできるよう、二〇二〇年に僕が理事長を務める「京都大学iPS細胞研究財団」という公益財団法人を始動させて、企業への橋渡しを一所懸命やっています。

谷川　パンフレットを見ると、「品質を担保したiPS細胞を製造・備蓄し、全国の研究者や企業に公平かつ適正な価格で提供いたします」と書かれていますね。

山中　ベンチャー企業は投資家のお金を集めることがまず大変です。それに比べて大企業はこれまでの実績で資金力はあっても、会社そのものが大きいので、それを維持するためにあまりリスクは取れません。そういうところもあって、橋渡しの難しさを感じています。でもここを乗り切って、できるだけ早くゴールまでたどり着きたいと思っています。

谷川　具体的には、どういう形がゴールになるんでしょうか。

山中　臨床開発のゴールというのは、まず国に製造・販売を承認してもらって、保険適用されるというのが一つのゴールです。でもそれが本当のゴールではなくて、その後、実際に多くの患者さんに投与して効果を見る必要があります。

たとえば、iPS細胞とは関係ありませんが、アルツハイマー病の画期的な治療薬が日米で開発されて、まずアメリカで承認され、次に日本でも承認されて、一つ目のゴールに達しました。ただ、これから多くの患者さんで実際にどれくらい効果があるのかを見極めていかなければならないので、これもまだまだゴールとは言えないんです。

「山中因子」を使った若返り

谷川　世界中でいま、老化防止の研究がさまざまな形でなされていると思います。山中さんが注目されている研究にはどんなものがあるんでしょうか。

山中　たとえばiPS細胞の関係で言うと、iPS細胞をつくるための四種類の遺伝子を限定的に使って、細胞を若返らせる研究が進んでいます。

谷川　四種類の遺伝子というのは、山中さんが発見されたいわゆる「山中因子」と呼ばれるものですね。

山中　はい。皮膚や血液の体細胞にその四つの遺伝子を送り込んで、二週間から三週間、働かせていると、いろいろな組織や臓器の細胞に分化する能力を持つｉＰＳ細胞になります。この過程を「初期化」――「リプログラミング」と言います。言ってみれば、ｉＰＳ細胞というのは、たとえば六十歳の細胞をゼロ歳に戻す技術です。

しかし、もともと皮膚だった細胞が初期化されるということは、もはや皮膚の細胞ではなくなってしまうので、それでは「若返り」にはなりません。

そこで、四つの遺伝子を数週間ではなく、三日だけとか、もしくは週に一回だけとか短期間働かせると、六十歳の皮膚の細胞が三十歳の皮膚の細胞に戻るのではないかという研究が、かなり前から報告されているんです。最初は本当かなと思って見ていましたが、複数の報告があって、僕たちも最近、その研究に挑戦しています。けれども、なかなか一筋縄ではいかないなというのが正直なところです。

完全にゼロに戻すというのは、ゴールが決まっているので、ある意味、楽なんです。それを途中のちょうどいいところで止めるのは、言うは易く行うは難し、ですね。飛び降りて下に着地することはみんなできますけど、途中で止まれと言われても(笑)、それは無理ですよね。でもそれが首尾よくできたら、理論上は老化した細胞の若返りができますし、実際、動物実験でそれに成功したという論文もいくつか出ています。

谷川 そうなんですか。なかなか想像が及びません。

山中 四つの遺伝子のうち、がん化リスクのある遺伝子を除いた三つだけを使うという研究もあります。ハーバード大学のデビッド・シンクレア先生の研究室は、それで緑内障のマウスや加齢マウスの視力を回復したそうです。僕たちも挑戦していますが、その遺伝子がないと、途中で止まるどころか、そもそも止まったままでいつまでも前に進まないので悪戦苦闘しています。

iPS細胞によって理論的には細胞は若返るはずですが、初期化をうまく途中で止めることができるかどうか。細胞の種類まで変わってしまうと困るので、皮膚は皮膚に、心臓は心臓になって、細胞の年齢だけ若くするわけです。六十歳の細胞をたとえば三十歳の細胞にする。いい塩梅にそれができるかどうか、その辺を見極めたいと思っています。まだ歴史の浅い研究分野ですから、これからでしょうね。それは健康寿命を延ばす二つ目のアプローチです。

谷川　お話を伺っていると、「なぜ人間は老化するのか」という根本的な謎に迫っているように思えます。

山中　おっしゃる通りです。たとえば、生物の染色体の端っこには「テロメア」という紐のような構造が付いていて、細胞が分裂して遺伝子が複製されるたびに、このテロメアが少しずつ短くなっていくことがわかっています。細胞がどんどん分裂して、テロメアがある長さまで短くなると、その瞬間に細胞はもう分裂できなくなります。「テロメアが短くなることで生物は老化するのではないか」という仮説をもとに、ｉＰＳ細胞でテロメアを最初の長さに戻してやれば、寿命が延ばせるのではないかという研究もあります。

でもこれは細胞ががん化するリスクを高めることにもなるんです。ｉＰＳ細胞でテロメアが長くなり、細胞レベルでは明らかに若返っているんですけれど、遺伝子が変異した細胞の耐久性も上げてしまいますので、がん化のリスクもあります。そう考えると諸刃の剣なんですね。

寿命は百二十歳が限界?

谷川 そもそも三十歳の細胞が六十歳の細胞になると、細胞の状態はどういうふうに変わるんでしょうか。

山中 そこはとても大事なところなんですが、「老化」というのは単純に一つの現象ではなくて、細胞の中でいろいろなことが起こっているわけです。お話ししたように、皮膚や毛髪や血液はどんどん生まれ変わっていますから、一年前の皮膚や血液の細胞は残っていません。これに対して神経や心臓は基本的に生まれたときの細胞がそのままずっと残っているので、残っている神経の細胞に有害物質が溜まってくると、いろいろな病気になります。アルツハイマー病もそうです。

そうした有害物質が溜まるのも老化の一つですし、細胞が分裂する速度もだんだん遅くなっていきます。皮膚や血液がどんどん生まれ変わるのは、失われた細胞を再び生み出して補充する能力を持った幹細胞があるからですけれども、加齢とともに幹細胞も減少します。

血液の幹細胞は生まれたときは十万個ぐらいあると言われています。歳を取るとともに減っていって、百歳ぐらいの人で血液の幹細胞が何個残っているかを調べたところ、一個しかなかったという研究報告があります。幹細胞というのはすごいですね。僕たちもびっくりしたんですけれど、その一個もなくなると終わりです。

谷川　血液ができなくなるわけですからね。

山中　ええ。百歳で残り一個だから、百二十歳になったら間違いなくゼロになってしまいます。仮に全身にがんができず、事故にも遭わず、タバコも吸わず、体に悪い物を食べず……といくら気をつけても、おそらく百二十歳ぐらいが寿命の限界ということです。

ただ、血液の幹細胞の場合は、外から幹細胞を移植することができます。それをすると、百二十歳は乗り越えられるかもしれません。けれども脳はそういうわけにはいきません。脳は先ほどもお話しした通り、移植してしまうと、もはや本人かどうかわからなくなってしまいますから。

谷川　幹細胞の限界が寿命の限界になるわけですね。

山中　たとえば奄美大島とか徳之島とか地域によっては、八十代で亡くなると「ずいぶん若くして亡くなりましたね」という地域もありますね。

谷川　長寿の方が多いですね。

山中　でも、そういう島でさえ、やっぱり百三十歳、百四十歳の方はいないので、寿命の限界は百二十歳辺りではないでしょうか。

谷川　百二十歳というと、いまの私たちのほぼ倍ですね。私たちはまだ折り返し点にいるということになります。でもこれが不老不死となると、必ずしも幸せだとは言えない、逆にすごく不幸かもしれませんね。

山中　不老不死は不幸だと思います。死ねないんですよ。それに不老不死はタイムマシンと同じような議論で、基本的には無理と考えるのが順当だと思いますね。

九十代でマラソンやゴルフも

谷川　老いは一つの病気だという考え方がありますね。肉体は心臓や胃といった臓器や手足といったさまざまなパーツが集まってできあがっています。その中で「病気」とは、そのどこか一部が悪くなることですね。悪くなったところに対しては治療をすることによって、またすべて元に戻ったり一部が回復したりすることがあります。

「老い」は、それとは違うと思います。さまざまなパーツが少しずつ下降線をたどっていって、最終的には働かなくなる。それが「天寿をまっとうした」ということで、ある意味自然なことなんじゃないかなと思います。

ほかの部分は全部元気なのに、どこか一ヵ所だけが悪くなって、それで死に近づく「病」に対しては、全力で治療して治さなければいけません。でも年齢を重ねて少しずつ体のいろいろな部分が衰えていくことに対しては、そのスピードを遅らせることは大事なことなんですけれど、受け入れるべきことなのではないかと私は考えています。

山中　その通りだと思います。誰でも赤ちゃんから成長して、やがては少しずつ老いていくわけです。そうではなく生理的なカーブが急激に下がってしまう、そういう状態はやはり「病気」と言っていいと思います。それを誰にでも起こる生理的なカーブにできるだけ近づけることが治療になり得る。その意味では「生理的な老化」と「病的な老化」に分けたほうがいいんじゃないかなと思いますね。

谷川　医療がいまほど発達していない時代は、平均寿命が短かったので、六十歳ぐらいで亡くなるときには、頭脳よりも先に肉体のほうが果てていました。でもいまは医療の進歩で肉体のほうが長らえるようになった分、認知症が社会問題になっています。もちろん、これは自分で制御できるものではないけれども、頭脳と肉体が同じように少しずつ下降線をたどっていって死を迎えるのが、本人にとっても周囲にとっても理想なのではないかと思います。

山中　そのためには、頭脳と肉体をバランスよく鍛えることですね。

谷川　「老化の研究」が進んだ場合、健康寿命はどれくらいまで延びるんでしょうか。

山中　健康寿命と平均寿命の差を減らせるよう研究を進めていますが、医学研究はストップがかからないので、お話しした一番目のアプローチも二番目のアプローチも間違いなく進んでいきます。がん治療も十年前と比べると大きく進展しているし、今後もさらに進むでしょう。そうすると、健康寿命は間違いなく延びていくと思います。

統計によると、百歳以上の高齢者の数は三十年前に比べると五十倍に増えています。いま生まれる子どもが百歳まで生きる可能性はかなり高い。これから百歳以上生きる方がずいぶん多くなると思います。

ということは、九十歳を超えても健康な方が増えるということです。いまも八十代でお元気な方がたくさんおられますけども、九十代でも将棋会館での対局はもちろん、マラソン大会やゴルフ場で元気に走ったり歩いたりしておられる風景が普通になるんじゃないかなと思います。

谷川　「人生百年時代」が到来すると、私たちはあと四十年近く生きることになりますね。

山中　わりと長いですね。僕も入れていただいている日本学士院という研究者の会があって、そこは少し前までは八十歳のお祝いをしていたんですけど、いまもうそんなことをしていたらほぼ全員を祝うことになるので、九十歳のお祝いに変わりました。それでもたくさんの方がいらっしゃいますよ。

危機的な「社会の健康寿命」

谷川　医学の進歩で平均寿命が延びることは、もちろんとても喜ばしいことですけれども、その弊害という言い方は正しくないにしても、高齢化が進むことによって、私たちの社会全体が成り立たなくなる可能性も一方であるんじゃないかと思います。老人が増えていく一方で、子どもが減っていく現状を見ても、若い世代がもう高齢世代を支え切れないという事態が迫りつつあります。

山中　そこは非常に大きな問題ですね。特に日本は世界の中でも高齢化率のスピードはダントツです。少子化も急速に進んでいますからね。国民医療費は増える一方で、このまま行けば、どう考えても国家財政が破綻しますよ。

医学研究はいま、やたらに高い薬をどんどんつくりだしていて、これをイノベーションと呼んでいますけれども、大きな負の遺産を後の世代に残していることになります。そして医療の格差は広がる一方です。途上国にはそういう薬は届かず、先進国のアメリカではなんらかの保険に加入していない方は医療を断念せざるを得ない状況です。

個人の健康寿命も大切ですけれど、社会の健康も大切です。むしろ社会をきちんと維持できるかどうかのほうが、じつは大きな問題かもしれません。僕たちの研究が健康寿命をどんどん延ばしていくと、平均寿命も延びますから、結果的にいまの社会問題を助長することになる可能性もあるわけです。だから余計に個人の幸せの前に社会の幸せが非常に心配になってしまいます。

谷川　難しいところですね。

山中　将来、百十歳、百二十歳の人が世の中に溢れるようになったら、健全に社会を維持していけるのかどうか。そのうえで、何よりも当人が本当に幸せに生きていけるかどうかが大切になります。進む高齢化に社会がどのように対応していくか、高齢者のみなさんに社会でどのように活躍していただくようにするかは、もう一つの大きな課題です。真剣に考えていかなければなりませんね。

第三章　将棋に強くなる遺伝子はありますか

ネアンデルタール人の脳をつくる

谷川　お話を伺っていると、ｉＰＳ細胞は本当にさまざまな可能性を秘めているということがわかります。

山中　ネアンデルタール人とわれわれホモ・サピエンスで何が違うのかという研究も、ｉＰＳ細胞を使ってされているんですよ。いまから四万年くらい前まで、旧人類のネアンデルタール人は、私たちホモ・サピエンスと同時期に地球上にいたんです。もちろん、ネアンデルタール人の脳は手に入らないんですが、化石から遺伝子を取り出して全ゲノムを解析されたのが、ドイツのスバンテ・ペーボ先生です。その仕事で先生は二〇二二年のノーベル生理学・医学賞を単独で受賞されました。

ネアンデルタール人の遺伝子の設計図が全部わかって、ホモ・サピエンスの設計図と比べると、非常によく似ているんですね。そして一番の発見は、僕たちの中に数パーセント、ネアンデルタール人のゲノムが交じり込んでいるということです。つまりかつてネアンデルタール人とホモ・サピエンスが共存していた数十万年前、カップルになって交配していたということです。

両者を比べると、ネアンデルタール人のほうが体は大きく、筋肉も強くて、おそらく脳も大きかったはずです。普通は脳も体も大きかったネアンデルタール人が生き残って、ホモ・サピエンスのほうが絶滅するはずですよね。いまごろ、ネアンデルタール人が将棋を指していてもおかしくなかったはずなんです。けれども、なぜかわれわれホモ・サピエンスが生き残って、彼らは絶滅した。それは科学上の大きな謎なんですね。

谷川　人類の進化に関わる壮大なミステリーですね。

山中　ええ。人間のｉＰＳ細胞から先ほどお話しした「ミニ脳」はつくれます。ｉＰＳ細胞はゲノム編集という技術で遺伝子を一個一個変えて、ネアンデルタール人の脳に近づけることもできるんですね。ネアンデルタール人の脳に関する遺伝子を調べると、私たち人間とネアンデルタール人の違いは六十ヵ所ぐらいしかないことがわかりました。その六十ヵ所になぜホモ・サピエンスが生き残って、ネアンデルタール人は滅んだのかという秘密があるんじゃないか、ということで、人間の遺伝子を少しずつネアンデルタール人の遺伝子に戻して、そこからミニ脳をつくって、どういう変化が起こるかを調べている研究者がアメリカやドイツにいるんです。

谷川　気が遠くなります。「ネアンデルタール脳」ができているんですね。

山中　完全にはできないけれども、遺伝子を一個変えただけで形態が変わるということはわかりつつあります。では、どうして人間が勝ち残ったのかまでは、まだまだわかっていません。ただ仮説としては、人間のほうがコミュニケーション能力が高かったのではないか、などと言われています。

ネアンデルタール人は二〜三人の家族という単位でしか知識を伝えていかない。たとえば誰かが将棋を開発しても、それを二〜三人にしか教えないので、結局そこで止まってしまって、それ以上広がらない。でも人間はもっと大きな地域や国といった単位でコミュニケーションをして知識を共有し、どんどん発展した——というのが一つの仮説なんですが、それも脳が必ず影響しているはずです。再生医療や創薬はｉＰＳ細胞の重要な可能性ですが、「なぜ人間は人間なのか」という人類の根本的な疑問に迫る研究としての使い方も大切だと思います。

谷川　遺伝子の分析からそこまでわかるというのは驚きです。

遺伝子に左右されるスポーツの能力

山中　たとえば、アルコールに強いか弱いかを決めるのは、一個の遺伝子の有無にあることは、はっきりしています。とはいえ、一つは間違いなくわかっていますが、もう一つのほうがどれくらい影響するのかは、まだ議論が分かれています。でもこのペースで科学研究が進むと、よりはっきりする日が来るかもしれません。僕は二個とも持っていますが、谷川さん、お酒はお強いんですか。

谷川　いやいや、若いころは体力で飲めていましたが、それほど強いほうではありません。すぐ顔に出ますし。

山中　赤くなるんですか。青くはならない。

谷川　青くなるまでにやめているので大丈夫です。でもお酒が強いかどうかは、両親から受け継いだ遺伝はあると思いますし、スポーツなどもそういう面は多いでしょうね。

山中　スポーツは絶対にあると思います。たとえば筋肉には筋繊維の収縮の遅い赤筋と収縮の速い白筋の二種類があって、赤筋が多い人と白筋が多い人は遺伝子によってある程度決まっています。大雑把に言うと、赤筋は持久力があるので長距離走に向き、白筋は瞬発力が出るので短距離走に向いているということになります。だから、誰でもそこそこ練習すればある程度は速くなるんですけど、突出して速くなるかどうかは、かなり遺伝子の要素があると考えられますね。

谷川　それは大谷翔平選手を見ていれば、よくわかります。

山中　そうですね。もちろん、努力されているのは間違いないんですけども、努力プラスのものも必ずあります。あれだけ体が大きいのもそうだし、なんらかの技能につながる才能もあると思います。

身長を左右する遺伝子の研究はかなり進んでいます。身長は一個二個の遺伝子では、せいぜい影響しても一ミリくらいですが、四つ五つの組み合わせだと数センチは変わることがわかってきています。身長が高い人と低い人を千人ずつ調べても見えてこなかったのが、十万人ずつ比べるといった大規模な研究をすると、いろいろな変化が見えてきたわけです。

谷川　寿命もある程度、先天的に決まっているところがあるんでしょうか。

山中　寿命も間違いなくあるでしょうね。ただ、寿命は百歳以上のいわゆるセンチナリアンを十万人集めることができても、どういう人と比べるのかが非常に難しいです。身長は高い低いなのでわかりやすいですよね。その意味で寿命は研究のデザインそのものが難しいかもしれません。

谷川　私たちは想像以上に遺伝子に左右されているんですね。

山中　だから同じように努力しても、才能が花開く人と開かない人がいる。僕はマラソンの瀬古利彦さんと対談を通じてときどきお会いする機会があります。瀬古さんに「僕はこの十年ほどで三十回以上、大会でマラソンを走っています」という話をしたら、「へー、先生すごいですね。負けました。僕は十五回しか走っていませんよ。十五回走って十回優勝しました」と言われて（笑）。同じマラソンでも、ちょっとレベルが違いすぎました。ただ、いまは瀬古さんより僕のほうが速いんじゃないかな（笑）。

瀬古さんにはどう考えても先天的な能力があって、僕なんて仮にもっと若いときからマラソンを始めていても、絶対にオリンピックに出られないと思うんですね。今後そういうことが少しずつ明らかになっていくと思います。持久的なスポーツに秀でているとか、短距離走に向いているとか。いまも一応、遺伝子の検査がいろいろあるんですけれど、残念ながらそこまで精度が高くありません。

谷川・羽生・藤井の全ゲノムを解析すると

谷川　身体的な特徴は比較的調べやすいかもしれませんが、頭脳のほうはなかなか調べにくいところがあるんじゃないでしょうか。

山中　そうですね。でも将棋でプロになられる方は、何か遺伝子的特徴があるだろうと思います。囲碁もそうです。将棋が強い方は、もし取り組んだら囲碁にも強くなりますか。

谷川　そういう素地はあるかもしれないですね。ある程度強くなれば、先を読む力は生かせると思います。ただ、やっぱり幼稚園とか小学生のときに囲碁や将棋に出会って、ずっと続けなければ、なかなかプロのトップレベルには達しないと思いますね。

山中　もちろん、長年にわたるトレーニングというか鍛錬や研究の成果であることは間違いないんですけど、同じようにやっても、プロになれる人となれない人とがいますよね。だから何かそこには違いがあるんでしょうね。将棋のプロ棋士は千人もいませんよね。

谷川　二百人ぐらいしかいません。

山中　二百人ですか。将棋に強くなる遺伝子が存在したとして、どれくらいの頻度で存在するかということと、どれくらいの強さで影響するかで、特定するのにどれくらいの数が必要かが決まります。たとえば一個の遺伝子の変異で必ず病気になってしまうことがあります。その場合、頻度は非常に少ないけれども、患者が五十人しかいなくても、健常者と比べることで遺伝子が特定されます。

たとえば、谷川さん、羽生さん、藤井さんの三人の全ゲノムを解析して、三人が共通して持っている遺伝子が一個や二個でかつ、それがいまの三人を強くしている遺伝子であれば、将棋に強くなる遺伝子が見つかる可能性はけっこうあると思いますよ。いや、でも将棋の力を実験室で再現するのは、うーん……。

谷川　できないですよね。

山中　三人でそれぞれ違う遺伝子が関与していて、それも一個ではなくて五個以上のそれぞれ組み合わせだったら、もう絶対に見つかりません。名人レベルの方が十万人いて、みなさんに協力していただけたら別ですけれど。多分、将棋にすごく強くなる遺伝子が見つかる可能性は低いですよね。将棋に強くなるかどうかが一個の遺伝子で決まったら大変です。そうなると、特定はなかなか難しい。数学が強い人は将棋も強いとか、将棋と数学は相関ありますか、あまりないですか。

谷川　棋士で算数、数学が好きな人は多いですね。藤井さんは幼稚園のときにはすでに九九を習得して、四つの数字を足したりかけたりして合計十にする「メイクテン」を日常的に楽しんでいたそうです。私も幼いころから数字好きで、小学校低学年のころから、切符に記された四桁の通し番号を加減乗除して十にするゲームを楽しんだりしました。

ネイティブスピーカーに遺伝子は無関係

山中　そうなると、将棋の才能だけではなく……。

谷川　将棋が強い弱いよりも、まず数学的な才能を調べて、その中にひょっとしたらプロ棋士のような人もいるかもしれないというほうが、サンプルも多くなるのではないかなと思います。

山中　棋士と一卵性双生児の研究とかはないんですか（笑）。

谷川　棋士という時点で数が少ないですからね。

山中　親子はどうですか。

谷川　親子はこれまで何組かありますね。木村義雄十四世名人の息子さんの木村義徳九段、藤井聡太さんの大師匠に当たる板谷進九段の父親、板谷四郎九段もプロ棋士でした。親子でプロの棋士という場合でも棋士自体の絶対数が少ないので、少ないのか多いのか、ちょっとわからないんですけれど。

山中　親子や兄弟の場合、環境がやっぱり左右するでしょうね。幼少のときから将棋に触れることで強くなりますから。たとえば、二十歳から英語を習っても、ネイティブにはなかなかならないですよね。でも三歳で英語圏に行けば、全員ネイティブになれます。そういう意味では、英語のネイティブになれるかどうかの遺伝子はないでしょう。でも将棋は三歳から全員同じようにやっても、強くなる人とならない人がいますよね。

谷川　遺伝子なのか、それとも環境なのか。

山中　両方の組み合わせでしょうね。環境の影響で、ある程度は強くなると思いますが、プロの棋士になれるかどうか。プロの中でも谷川さんのような名人になれるかどうか。二段階ですね。

谷川　研究者はどうでしょう。

山中　ニュートンやアインシュタイン、ああいう人たちはなんらかの特殊な能力があったとしか思えません。でもそれ以外はどうですかね。むしろ、やっぱり教育などの環境のほうが大きいような気がします。

なぜ女性のプロ棋士はいないのか

山中　あとスポーツだと、男女で間違いなく体力的な差があって、男性の記録のほうが強くて、高くて、速いですね。将棋、囲碁も男性のほうが強いと言えるんでしょうか。女性も挑戦していますけれど、将棋ではまだ女性のプロ棋士は誕生していませんね。「頭の瞬発力」などに男女差があるんでしょうか。

谷川　どうでしょうか。女性のプロ棋士がいない理由の一つには歴史があります。男性の棋士は江戸時代からいますが、女性の棋士はまだ五十年ぐらいの歴史しかありません。そもそも将棋を指す女性が以前はごく限られていて、最近少しずつ増えてはきましたけれど、現役の女流棋士はいま七十人ほどです。ですから裾野が広がらない限りは、なかなか比較は難しいですね。

山中　そもそも絶対数が少ない。

谷川　はい。それは大きいと思いますね。あと気になることとして、小学生ぐらいの間は将棋の子ども大会でも、女の子が優勝したりすることもあるんです。でも、その後のプロになるような、中学生、高校生の十代での伸びが男性と比べると、ちょっと物足りないかなという感じがあります。でもその理由はよくわかりません。

山中　そういうことも含めて、男女の違いを科学的に理解することは、身体面もさることながら、脳科学の面でも非常に大切だと思います。それは男女で差別するためではなくて、男女をより平等にするために理解しなければならないと思います。

谷川 男女それぞれ特徴があるわけですからね。

山中 だから身体面と同じぐらい大切なテーマなんだと思います。たとえば、チェスでもチャンピオンはやはりほとんど男性でしょうか。

谷川 女性で世界トップクラスのチェス選手はいるはずです。囲碁界でもトップクラスの女性棋士はいて、公式戦で準優勝するほどの実力を付けてきています。そう考えると、将棋も男女の差はないのではないかと思います。

ところで、男女の差ということでいうと、女性のほうが長生きする理由はわかっているんでしょうか。

山中 そこは非常に面白いですよね。先進国では女性の平均寿命のほうが間違いなく長い。理由としてホルモン、基礎代謝量の違いなどが言われていますが、科学的にきちんと解明できれば、男性ももう少し長生きできるかもしれません。

人間の欲望をどこまで認めるか

山中 私は、ゲノム研究の副産物として足が速い遅いとか、将棋が強い弱いとか、いろいろな人間の能力や個性が遺伝子でどこまで明らかにされていくのかにすごく興味があるんです。

たとえば長距離走に向いていないことが本当はわかっているのに、それを知らずに毎月千キロを走って必死に練習する。練習したら、ある程度は絶対に速くなります。でも全国大会に出場できる・できない、もしくはオリンピックに行ける・行けないという差が必ず出ます。そのとき、自分が長距離走に向いているかどうかを知るべきかどうかは議論の余地があるテーマだと思っているんです。いまはまだそういうレベルに科学は達していませんけど。

谷川　もしそういうことが本当に科学的にわかるようになったときに、調べるかどうか。その結果を本人がどういうふうに理解するかという問題ですね。

山中　そうなんです。今後、遺伝子技術が進んで、いろいろな情報がわかってきたときに、いったいどうなるのか。遺伝子を調べて将棋は向いていないことがわかったら、その子はもう将棋はしないのか、あるいはさせないのか。

谷川　四つ五つぐらいのときに、みんなが遺伝子を検査して、それで子どもの進む道を決めるとしたら、それも問題ですね。

山中　将棋の才能がある人だけが将棋をする、足の速い人だけがマラソンをする、全員が遺伝子的に自分の向いたことだけをやり出すと、それも何か不健全で面白くなくなってしまうような気がします。

谷川　そう思いますね。

山中　そこには人よりも強くなりたい、もっと速く走りたいという人間の向上心というか欲望がありますよね。その意味ではスポーツのトレーニングもドーピングも同じ欲望のもとになされているように思います。その欲望をどこまで認めて、どこでカットするかは、すごく難しい。

遺伝子研究の可能性と危険性

山中　じつは医学や科学技術も人間の向上心というところでは共通していて、僕らがやっているiPS細胞の技術も人を助ける、新しい薬をつくるという可能性がある一方で、動物と人間の融合体のようなものをつくることも理論的には可能なわけです。すべて止めてしまったら進歩はない。社会がどこまでを良しとして、どこからはやめるのかという境界線をはっきり引くのはとても大事だけども、同時に非常に難しい問題です。

谷川　能力を伸ばしたい、新しいものをつくりだしたいという欲望をかなえる技術が開発されたとき、その使い方を一つ間違うと、とんでもない方向に行ってしまいかねません。社会の倫理観が試されるところではないでしょうか。

山中　じつはアルツハイマー病に関係する、ＡＰＯＥ《アポイー》という、動脈硬化にも影響している遺伝子には、Ｅ２、Ｅ３、Ｅ４という三つのタイプがあって、Ｅ４の人は明らかにアルツハイマー病になるリスクが高いことがわかっています。日本人は圧倒的にＥ３が多いんです。

　アメリカ留学中、当時まだ一般的な遺伝子検査はなかったんですが、僕がいた研究所では調べることができました。それで実際に調べようとしたんですが、途中でやめました。なぜかというと、たとえそれがわかっても、治療ができないからです。治療方法がなければどうしようもない。それに、たとえＥ４を持っていたからといって、アルツハイマー病を一〇〇パーセント発症するわけではなくて、リスクが何倍かになるだけです。「だけ」と言っても何倍かにはなるわけですけど。

　いまは、そうした病気の発症リスクを調べてくれる遺伝子検査はいっぱいあります。たとえば、ＢＲＣＡ１やＢＲＣＡ２という遺伝子に変異があると、かなりの確率で乳がん、もしくは卵巣がんになるということがわかっています。海外の有名な女優さんが両乳房を切除されましたよね。

谷川　アンジェリーナ・ジョリーさんですね。

山中　彼女の場合、母親が卵巣がんと乳がんのために五十六歳の若さで亡くなられています。それで彼女は遺伝子検査を受けたうえで、乳がん予防のため両乳房切除と再建、卵巣・卵管の予防的切除手術を受けたんです。医学が進むと、これまでわからなかったことがわかってくる。それが健康長寿につながる一方で、病気になるリスクを知ったときにどうするのかという新たな問題が生まれてしまいました。健康に生きるというのは、なかなか難しい問題を伴います。

谷川　確かに、結婚する相手に「まず、あなたの遺伝子を全部調べてきて、教えてください」とお願いすることも起こりかねませんね。

山中　それはもう究極の個人情報ですよ。できることをすることが、どこから良くて、どこからダメなのか。絶対的な答え、正解はないと思うんです。その時々の社会、宗教、文化で変わるでしょうし、時代によっても変わります。簡単には答えの出せない問題です。

一番の健康は精神的に豊かな人生を送ること

谷川　医学が進歩することはすごく素晴らしいことなんですけれど、一方でいろいろ選択肢が増えていくということでもありますね。昔は治療法も限られていたので、お医者さんが「これで行きましょう」で済んでいたことが、いまはかなり変わってきています。治療法が患者さんに合うかどうかということを含めて、患者やその家族に選択を委ねるということも多くなってくるのではないかと思います。

山中　新たな発見をした研究者は、それを発表するのが仕事なので、隠すのも問題ですが、発表したことによる社会へのインパクトも考えなければいけません。自分の気に入らない遺伝子があることがわかったら、ゲノム編集という技術でそれを改変してしまうことも、もうあり得ない話ではなくなってしまっていますからね。

谷川　私自身は、人間の欲望のままになんでも思い通りになる、なんでもコントロールできるとはあまり考えないほうがいいと思っています。

山中　そうですね。思い通りになることが、すなわち幸せということにはなりません。なんらかの障害がある方でも、ものすごく豊かな人生を送られている方はたくさんおられて、一方でそういう障害が何もなくても、ものすごく苦しんでおられる方もたくさんおられます。健康ということを考えると、体の病気にならないというのも大切ですけれども、やっぱり精神的に豊かな人生を送ることが一番の健康じゃないでしょうか。

谷川　そう思います。人生何十年かをできるだけ充実したものにしたいという気持ちはありますけれども、人が生まれて死ぬことは避けられないし、それをなんとかしようとは思いません。いつかは寿命が尽きることは受け入れたいと思います。ただ、老いるということは周囲の手助けが必要になってくることにつながるので、それをできるだけ周りの人に迷惑をかけないように、自分だけできちんと生活が送れるようにできればいいと思っています。

第四章　マラソンは健康長寿につながりますか

エアロバイクを三十年漕ぐ

山中　谷川さんは将棋で毎日、頭は使っておられると思いますが、体力をつけたり体を鍛えたりといったようなことはされていますか。

谷川　棋士は対局で長時間座らなければいけないので、足腰が弱ってしまうと現役を長く続けていくことはできません。結婚してまもなく夫婦で自宅近くにあるスポーツクラブに入会したんですけれども、なかなか続かずに結局、やめてしまいました。

それで、外出しなくても自宅で運動できるようにとエアロバイクを始めました。ちょうど羽生さんに「王将」のタイトルを奪われて七冠独占を許した時期で、何か生活を変えなければいけないという気持ちがありました。もう三十年近く続けていますから、エアロバイクは毎日の生活に欠かせないアイテムになっています。最初に買ったものが壊れず、まだ使っているので、非常にコスパは高いです（笑）。

山中　三十年はすごい。一日何分ぐらい使っているんですか。

谷川　午前中から仕事が入っていないときは毎日、朝食後に九時ごろから二十分ぐらいです。一日中、自宅にいるときは、もっぱら新聞を読みながらペダルを漕いでいます。毎朝、朝刊を数紙抱えて部屋に行くんですけれども、意外に困るのが新聞休刊日です。二十分、何もしないのもつらいので、悩んだ末に結局、詰将棋の本を手に取っています（笑）。

山中　僕がランニング中、イヤフォンでビジネス英会話を聞いているみたいなものですね。

谷川　エアロバイクのおかげで、正座はいまも苦になりません。将棋はもちろん勝負であり、ゲームなんですが、伝統文化でもあります。長時間に及ぶ対局のうち、たとえば午前中の二時間ぐらいは正座で姿勢を正してできるようにというのは、一応目標として掲げています。

山中　二時間、正座ですか。尊敬します。

谷川　それと最近、パーソナル・トレーニングを始めました。きっかけは、ぎっくり腰でした。四十になる前にやったのが最初で、もう何回目でしょうか。リハビリにクリニックに通っていたところ、そのクリニックが提携するトレーニングジムを勧められて、月に二回、一回五十分ぐらいでしょうか。内容はそれほどハードなものではなくて、体幹を鍛えたり体の柔軟性を高めたりといったストレッチです。

山中　効果のほどはいかがですか。

谷川　どうでしょうか。私は肩こりがひどくて、パソコンやスマホの画面を長時間見ると、目が疲れて、ひどいと頭痛になったりします。特に肩まわりの柔軟性がなくなっていることが大きくて、毎回肩をほぐす運動も教えていただいて、自宅でもやるようにしています。肩こりは少し改善したかもしれません。この年齢になると、悪くなっていないということは良いことなんだろうと思っています。

頭を使った後は体を使うことで適度に疲れて、ぐっすり眠れるということもあります。体を使っているときは、頭の中も空っぽにできるので、リフレッシュできます。頭と体、両方適度に使うことが大事なんだと思います。

山中　適度な運動は、健康長寿のために間違いないくいいですからね。将棋の対局や研究でうまくいかないときもそうだと思いますけど、体の中でストレスに伴うホルモンが出て、それを放っておくと、体にいろいろ悪さすることが多いんです。

エアロバイクや有酸素運動など汗をかくような運動を適切にすると、そういうストレスの物質のレベルが下がると言われています。研究でずっとイライラ状態でいるよりも、一日に三十分でも一時間でも、簡単な散歩やゆっくりしたジョギングでリラックスする。実際、そうしている研究者はすごく多いですね。

谷川　会社員の方だと、コロナ禍以前であれば、月曜日から金曜日までは必ず会社に出勤して、通勤でも会社の中でも一日五千歩ぐらいは自然に歩いていたと思います。定年退職して、ある日を境にその必要がまったくなくなったとき、自分で体を動かす機会をきちんとつくることが大事になります。でないと、一気に衰えるという可能性が高くなると思います。週五日働いていたのが四日になり、三日になるというように、少しずつ仕事の日数が少なくなっていくのが、体のためには一番いいのではないでしょうか。

フルマラソンで「人体実験」

谷川　山中さんが続けておられる長距離マラソンは、体だけではなく、頭にもいい影響を与えるんでしょうか。

山中　長時間、ランニングを続けていると、「ランナーズハイ」と言って、なんとも言えない幸せな感覚、高揚感とか恍惚感を感じる物質が出ると以前からよく言われていますよね。実際、それはいろいろな研究で確認されてもいます。あるいは骨に刺激を与えたときに、骨から出る物質が体も脳も若返らせるということもわかってきています。

うちの研究所（サイラ）にも走る人は多いですよ。教授にも三、四人はいるし、髙橋淳所長も走ります。「大阪マラソン２０２４」でも髙橋所長と僕は完走しました。ただ、走れば十二分に骨は刺激されますが、僕のようにフルマラソンを年に何回も走るのは、本当に頭と体にいいのかどうかわかりません。僕が何歳まで生きて、何歳まで健康寿命を保っているか、これはもう人体実験です(笑)。

谷川　いまも年に何回かフルマラソンを走られているんでしょうか。

山中　コロナ禍の間はさすがに休みましたけども、二〇二三年だけでも四回ぐらい走っています。全部合わせると、これまで三十回以上走っていますね。幸いこれまで棄権をしたことはありません。

谷川　マラソンを始められたときから、かなり記録を伸ばすことができたんでしょうね。

山中　はい。二十代のころにもフルマラソンに数回挑戦したんですけれど、いつも途中から歩いて、完走ではなく完歩でした(笑)。最初に飛ばしすぎていたんです。二〇一一年に「四十代最後の記念に」と思って、久々にフルマラソンに挑戦しました。今度は最初からペース配分を考えて、途中、水分や栄養も十分取りました。

そうしたら、途中歩かずに四時間半で完走できたんです。それ以降はもうすっかりマラソンの魅力にハマってしまいました。どんどん記録が伸びて、それから六年間で一時間以上も記録を伸ばすことができました。若いときよりも速く走れることがすごく愉快でしたね。

谷川　ということは、やはり鍛えれば鍛えるほど記録がよくなってくる。

山中　マラソンに限らず、いろいろなスポーツでも言えることですけど、やはり練習すればしただけ一定の成果が出ますね。残念ながら本業の研究のほうは、やればやるほどそれに応じた成果が出るというわけにはいきません。でもマラソンは、長い道のりで地道な努力が大切というところは研究に通じるものがありますよ。マラソンで少しずつ縮まるタイムを励みにして、いつか研究でも何か成果が出せるはずだと思っています。

谷川　iPS細胞の発見という成果にとどまっていないということですね。

山中　ええ。マラソンでは、二〇二三年二月の別府大分毎日マラソンで三時間二十一分十一秒と自己ベストを更新して、「まだまだ行けるぞ」とかなりいい気になっていたんですよ。でもそれを境に数回走っていますけど、三時間半を切れなくなってしまいました。別府大分毎日マラソンは三時間半がカットラインなんですよ。走っている後ろに常にバスがいて、少しでも調子が悪いと、すぐに回収されてしまう。

谷川　それは厳しいですね。

山中　僕たちはいつもバスと競争しています（笑）。自分の記録が少しずつでも伸びてきたのが、さすがにいよいよもう下り坂に移行するのかな、ついにそのときが来るかも、と思っていたんです。でも二〇二四年二月の別府大分毎日マラソンでは、年末年始に風邪で体調を崩していたにもかかわらず、三時間二十二分三十六秒と三時間半を大きく切ることができました。「また来年も頑張ろう」と気持ちを新たにしました。この年齢になると、練習をいくら頑張ってしても、加齢によって体力が落ちていくので、一年一年が勝負ですよね。

六十五歳で世界記録を更新した女性ランナー

谷川　でもどんなスポーツでも習い事でも、最初はどんどんうまく、強くなっていって、「この調子だと、どこまで伸びるんだろう」と思っていたのが、どこかのタイミングで頭打ちになりますね。たとえば、将棋なら初段ぐらいから、なかなか強くなりません。ゴルフだと一〇〇を切るぐらいのスコアでしょうか。山中さんの三時間半というのは、それよりはるかに高いハードルですね。

山中　真剣に練習はしているんです。以前、月に二百キロは走っていたのが、コロナ禍では月三百キロ、年三千六百キロ走るようにしていました。

谷川　私たち将棋のプロも、他人と同じようにしていては絶対に勝てません。やっぱり人の倍は努力が必要です。それでもなかなか成果が見えないのがプロの世界です。しかも六十歳を超えると、それにプラス、自分自身が衰えていくという不安とも戦っていかなければいけません。

山中　そうですね。最近、六十歳以上の女性史上初のサブスリー（フルマラソンで三時間を切るタイムで走ること）を達成した弓削田眞理子《ゆげたまりこ》さんと対談する機会がありました。シニア世代を対象にした世界マスターズの世界記録は六十歳から五歳刻みなんですよ。彼女は女子六十歳から六十四歳の世界記録をお持ちだった。弓削田さんは僕より四つも歳上なのに、二〇二一年に六十二歳で自己ベストを更新しています。驚異的ですよね。コロナ禍でレースがなくなっていなければ、六十三歳でさらに更新できたかもしれません。でも二〇二四年の東京マラソンでは世界記録（マスターズ女子六十五～六十九歳）をまた更新されました。

谷川　六十五歳を過ぎても、まだまだ記録を更新できるということですね。

山中　彼女がそれを実証しています。僕も自分ではもう無理かなと思っていたところに、彼女から大いなる刺激を受けました。自分だけで考えると、どうしてもブレーキをかけてしまうんですけど、弓削田さんのような存在から刺激をもらうことで、ブレーキを外せますね。

これは研究も同じで、ちょうど僕たちがｉＰＳ細胞をつくろうと始めたころ、「これは難しい。絶対できない」と自分たちで勝手に考えていたんです。ところが同じ大学にいた植物が専門の先生から「植物なんて体中万能細胞だらけだよ」と言われて、「それなら動物でもできるかな」と自分で勝手にかけていたブレーキがすーっと外れたような気がしたんです。それで実際、それから五年くらいでｉＰＳ細胞ができました。

弓削田さんとは対談をきっかけに交流が続いていて、今度、練習で一緒に走っていただくことになって、とても楽しみにしています。

空港の長い廊下を二十往復

谷川　いまも月に二百キロとか三百キロを走っておられるんでしょうか。

山中　三百は必ず走っていますね。週に五日は一日一時間のランニングを欠かさず、海外出張のときもランニングシューズを持参しています。最近は走っていることが海外でも有名になってしまって、出張先の方が待ち構えているようになりました。ノルウェーに出張したときは、土砂降りにもかかわらず、朝の七時に十人ほどが集まりました。誰もやめようと言わないので、そのまま大雨の中を一時間ほど走りました。

自分の一日は二十三時間だと考えて、別に走る時間をつくっています。会議の合間とか、スケジュールのどこかに必ず一時間ぐらいは空き時間を入れるようにするのです。空港の乗り換えで四〜五時間、待ち時間があるときがあるじゃないですか。そんなふうに時間が空くと、普通の格好のまま走っています。

谷川　空港で走るというのは、ロビーを走るんですか。

山中　ターミナルの間にやたらと長い廊下がありますよね。あそこを二十往復とかします。

谷川　二十往復……人が見たらちょっと……（笑）。

山中　ほとんどの人は一回すれ違うだけなのでいいんですけど、警備や空港の関係者には「絶対、こいつはあやしいヤツだ」と変な目で見られているでしょうね（笑）。

谷川　一番走りやすい空港はどこでしょうか。

山中　どこも走りにくいですよ（笑）。世界に一ヵ所ぐらい「ランナー対応空港」があってもいいと思いますけども。

谷川　そこまで頑張って走られるのは、やはり記録を伸ばしたいという思いからでしょうね。山中さんのマラソンは、一つはチャリティーの意味もあって始められたとお聞きしました。

山中　そうですね。海外の大きなマラソンはチャリティーの側面が非常に大きくて、子どもたちの病気の研究に対するチャリティーなど何億円、何十億円という寄付金が集まりますよ。日本にはそうした寄付文化が根付いていないと言われますけども、寄付のお志を持つ方々はたくさんおられるんですね。

サイラが設立されたとき、国からの資金援助も非常にありがたいんですけども、国からの研究費は使えることと使えないことがあって、その使えない部分をチャリティーという形で海外のマラソン、特にロンドンマラソンを参考になんとか集めようとしました。いまもそれは続いています。

走るのは寄付を集めるためももちろんありますが、やっぱり自分の記録を少しでもよくしたいし、ただ走ること自体の効果もすごく感じています。マラソンは何かもう人生の一部になってしまっているので、走らないと気持ちが悪い。さっきも言いましたように、いまは年齢的にタイムを伸ばせるかどうかの瀬戸際でもありますからね。

睡眠時間はしっかり確保

谷川　山中さんは毎月、アメリカ・サンフランシスコのグラッドストーン研究所にいらっしゃっていると伺いましたが、そのときも同じように走られるんですか。

山中　基本は朝に走るんですが、アメリカは時差で朝はしんどいので、夕方に走るようにしています。

谷川　それで睡眠のことをお伺いしようと思っていました。健康長寿には十分な睡眠が必要だと言われていますけれど、毎月、アメリカに行くとなると、かなり時差ボケがきついのではないでしょうか。

山中　きついですね。昼夜がほぼ入れ替わる東海岸よりはマシですけど、西海岸でもサンフランシスコとの時差は十七時間です。だから僕はサンフランシスコにいるのを一週間にしているんです。二週間いると、もう完全に向こうの時間になってしまって、往復したら一からやり直しを月に二回することになるでしょう。でも一週間だとアメリカにいる間は大変ですけど、帰国したら数日でかなり戻りますから。しかも日本にいるときはできるだけ早寝早起き、アメリカにいるときは遅寝遅起きして、二、三時間ぐらいはその差を縮めようとしています。

谷川　具体的には何時に起きて、何時に寝るんでしょうか。

山中　六時には起きて、七時からアメリカとオンライン会議などが始まります。逆にアメリカにいるときは、朝の八時、九時まで寝て、十時から出勤します。一週間だと、基本的には日本時間が抜け切れないまま帰国できるので、自分は日本人だという感覚が保てます。二週間日本、二週間アメリカはダメですね。僕は「一週間ルール」を二〇〇七年からずっと続けています。

谷川　二〇〇七年と比べると、やはり歳を取ったいまのほうがしんどいと感じますか。

山中　しんどいんですけど、医学の進歩で薬がずいぶん改善されました。昔は脳の活動を抑制する睡眠薬しかありませんでした。それだと次の日にふらついたりするんですよ。でも頭を覚醒させているオレキシンという物質を筑波大学の柳沢正史先生たちが見つけて、そのオレキシンを逆に抑制する薬を二〇一五年につくられたんですよ。それを服用するようになってからだいぶ楽ですね。

谷川　私もできるだけ早く寝て八時間の睡眠は確保したいと思っています。横になるだけでも身体は休まっていると思うようにして、不安要素を取り除いてから対局を迎えるようにしています。山中さんは一日の睡眠時間は確保できているんでしょうか。

山中　確保しています。走るでしょ。やっぱり睡眠時間を確保しないと体が持ちません。アメリカの大規模調査では、睡眠時間が七時間の人が最も死亡率が低く、長寿だったというデータが出ています。睡眠不足が長期間続くと、うつ病や認知症、心臓病、脳卒中、高血圧、糖尿病などいろいろな健康リスクが高まることがわかっています。睡眠不足だと脳の機能が低下するので、パフォーマンスも下がります。だから、寝ている途中で起きたら、睡眠薬を少しだけ飲んだりして、もう無理やりでも七時間ぐらいは寝ています。

谷川　確かに睡眠と寿命とは相関関係があると言われますね。

山中　スタンフォード大学などの研究グループが高齢男性を十二年間追跡調査した結果、記憶が定着する浅い眠りのレム睡眠が五％減るごとに死亡率が一三％も上昇したという論文を二〇二〇年に発表しています。

谷川　私は二十代から三十代にかけて、竜王戦のタイトル戦で、これまで海外で六回対局しました。ヨーロッパでの対局は割合、楽でした。三日ぐらい前に現地に入って、観光と時差調整をしながら対局に臨みました。だいたい夕方に着いて、日本時間だと深夜になっていますが、少し我慢してぐっすり眠れば、三日後の対局のときには、それほど時差ボケもなく臨めました。

ただ、アメリカのロサンゼルスとニューヨークのときは、二日、三日前に行っても、昼夜逆転したまま対局が始まってしまったという感じはありましたね。もちろん、対戦相手も同じ条件なんですけれども。

山中　それは対局に影響を与えますね。現地に住んでいる人と対戦したら絶対不利ですよ。

谷川　やっぱりヨーロッパのほうが楽だというのは、私も実感しました。

山中　日本から西に行くのは、遅寝遅起きをする感じなんです。夜更かしして翌日お昼まで寝る。東に行くのは、朝の一時、二時に起きるといった感じなので、最初はぼーっとしています。だからいまはできるだけ現地時間の夜に飛ぶ飛行機にして、無理やり寝るようにしています。

谷川　寝台列車に乗る感覚ですか。

山中　はい。日本から行くときは日本を夕方に出て、アメリカには朝に着くので、飛行機の中でできるだけ寝るようにして。着いたら、そのまま仕事に行って。帰りもいまは現地を夜中に出て、日本の朝四時、五時に着く。それも飛行機の中でできるだけ寝るようにする。そうすると、けっこう楽です。

クールダウンしない脳

谷川 六十代になっても現役で対局するのは生きがいでもあるんですけれども、特に時間の長い対局はひょっとして寿命を縮めていないかなとも思ったりもします。たとえば、月一回の順位戦でお互いが六時間の持ち時間を使い切ると、終わるのは夜の十一時を過ぎます。感想戦を終えて自宅なりホテルに戻ると、もう日付は変わっています。

早く寝ようと思いながらも、私が所属するB級2組だと同じ日に十数局ぐらい対局があるので、ついついパソコンや携帯で他の棋士の対局を見てしまうんですね。どちらが勝ったか、どんな将棋だったのかを見ていると余計に眠れません。自分の対局も感想戦が終わってから、どこが良かったか悪かったかを考え始めると、さらに寝つけなくなります。これは棋士の習性、職業病ですね。結局、寝るのが二時を過ぎてしまいます。

山中 アドレナリンが大量に出るでしょうから、やっぱり眠れないですよね。

谷川 対局の翌日はできるだけ勝ち負けや内容にかかわらず、何事もなかったように将棋と向かい合うのがベストだと思うんです。でも次の日は盤と駒を出して棋譜を並べても、まったく頭の中に入らないので、研究はやめて原稿の下書きをしたり、体を動かしたりと他のことをします。だから対局の日は眠れなくても、その翌日は本当に疲れ切っているので、けっこうよく眠れますね。

もちろん、対局自体が一時間ぐらいで終わるNHK杯などもありますけども、持ち時間が五時間、六時間の棋戦だと、どうしても翌日と翌々日までは響きますね。二日間かけて、なんとか平常に戻るかなという感じです。

山中　時差ボケを直すのとは、もうレベルが違いますね。

谷川　山中さんはマラソン大会に出場する前後はどういう調整をされているんでしょうか。

山中　当日の二週間前まではできるだけ練習しますが、二週間を切ってからは徐々に練習量を落としますね。最後の一週間はほとんど走らずに疲れを十分取るようにしています。終わった後はできるだけ早く体を動かそうと思って、もう翌日から走ることもあります。

大会出場は年に数回ですけれど、対局はどれくらいの頻度であるんですか。

谷川　一つの棋戦がトーナメントだと、一回戦で負ける人もいれば、勝ち上がって次の対局がある人もあるので、対局が多いことが勝っている証拠です。私はいまはそれほど勝てないので年間三十局前後ですけど、多い人はその倍ぐらいあります。逆に藤井八冠のようにタイトルを独占してしまうと、タイトル戦を戦うだけなので限られます。むしろ二番手、三番手、四番手は勝ち上がってタイトル戦に出るのでその分対局数が多くなりますね。

山中　藤井さんは次々にタイトルを取る前のほうが、すごい対局数だったんですね。

谷川　そうですね。最近の藤井さんは特にタイトル戦ではストレートで勝ってしまったりするので、七番勝負だと四局で終わってしまいます。

山中　そういうことか。

谷川　若手の棋士は頭脳に最新のパソコンを搭載して戦っていますが、私たちベテランは〝六十年物〟なので、かなりポンコツになってきて精度もあまりよくありませんし、なかなかクールダウンがきかなくなって、いつまで経っても熱を持っています（笑）。

山中　やっぱり若いころと比べて、そんなに変わりますか。

谷川　これは歳は関係ないのですが、実際に発熱します。コロナ禍では、ずっと朝と夜は熱を測っていたんですね。そうすると、たとえば自宅で研究会をすると、朝から夕方まで若手の棋士と三局、将棋を指します。解散した後、自分の熱を測ってみると、三七度一分か二分ぐらいあるんです。しばらくしたら治まるんですけれども。

山中　エンジンのオーバーヒートみたいなものですね。

谷川　頭をずっと使っていたからだと思います。対局後に熱を測ったことはありませんけれども、多分ちょっと熱が上がっているんじゃないかと思いますね。頭を使うということは、脳でエネルギーを消費するということですからね。

山中　脳のエネルギー消費の省エネぶりは、コンピューターから見ると驚異的ですよ。サイラにも、ワンフロア全部がコンピューターというところがあります。僕が所長のときにサーバーを置いたんですけど、そのときの一番の問題は電力の使用量がべらぼうに多いことと、熱が大量に出るということでした。当初、それほどコンピューターが必要になると想定していなかったものですから。

コンピューターの電力消費量とそれに伴う熱の放出量を考えると、それよりすごいことを人間の脳が少しばかりのご飯と三七度の熱でできているということは、ある意味奇跡ですよ。

歯の健康は長寿の条件？

谷川　二日制のタイトル戦をすると、二〜三キロ体重が減るという話はよく聞きますね。私はもともとこんな感じなので、これ以上減りようがないんですけれども。山中さんはマラソンを始められてから、ずいぶん体重を落とされたのではないですか。

山中　五キロぐらい減りましたね。五キロ違うと、やっぱり走るときはだいぶ違うんですよ。

谷川　山中さんは肉体の年齢が三十八歳だと伺いましたけど。

山中　いやぁ、それは体重計が出してくれる体内年齢の話で、全然あてになりません。

谷川　私は怖くて、あまり体重計に乗りたくないですね（笑）。

山中　谷川さんはすごくスリムですけど、二十代のころから全然体重が変わっていませんか。

谷川　それほど変わっていませんが、肉の付いているところが違ってきました。少しウエストに……。

山中　食事も普通に食べておられますよね。

谷川　普段からきちんと三食、規則正しく取るようにはしています。あとはバランスよく、できるだけ品数多くを心がけています。朝はパンで、昼は麺類。でも麺類だけでは軽いので、ちょっとご飯つけて。晩はご飯。妻が考えて、家にいるときは豚肉、鶏肉、魚をローテーションでいろいろ考えながら準備してくれています。

対局のときも普段と同じくらい食事を取りますね。栄養ドリンクも飲みます。でも、お酒は本当に飲まなくなりました。若いころから自分がお酒に強くないことはわかっていました。将棋連盟の役員を辞めてからは、本当に飲む機会は少なくなりましたね。別に飲まなければ飲まないで、まったく私自身は問題ありません。

山中　運動、睡眠、食事は健康長寿の三大要素ですからね。やっぱりバランスよく食べるのが大切だと思います。僕の周りには八十歳、九十歳でお元気な方がたくさんおられて、お会いする機会がよくあるんですけれども、八十、九十でお元気な方は、かなりの確率で歯が丈夫ですね。「全部自分の歯です」という方が圧倒的に多い。「朝からステーキを食べています」という方もいらっしゃいました。そういう意味では、脳を含めた健康寿命を保つために、歯の健康もきっと大切だと思います。

谷川　歯の健康が、脳や体の健康にも関係しているということですね。

山中　どれだけ医学的に証明されているかはわかりませんけども、まずしっかりと噛むことが脳への刺激になるんじゃないでしょうか。噛むことができれば、食べたい物を食べることもできます。食べることは、人間の最大の欲求の一つですからね。自分の歯で好きな物を食べることができるのは、運動と一緒で幸せホルモンがいっぱい出るんじゃないでしょうか。

谷川　それは実感します。

山中　マウスの実験段階ですが、歯周病がアルツハイマー型認知症の発症や症状の悪化を招くことも明らかになっています。脳を含めて健康寿命を延ばすには、運動と歯の健康はとても大切だと思いますね。

　病気の原因には生活習慣が密接に絡んでいます。そこで個人個人が予防に努めることが非常に大切になります。やはり運動習慣がないと全身の筋肉が衰えてしまって、たとえば転倒して寝たきりになってしまうと、いくら医学が進んでも一気に尿路感染症などに進んでしまうこともあります。

適度なストレスは判断力を高める

谷川　健康を損なう大きな原因の一つがストレスと言われますね。精神的なストレスが高いと免疫力が低下して、がんになりやすくなるということも耳にします。でも過度なストレスは確かに健康によくないと思いますけど、私はいつも「適度のストレスは人間を成長させる」と言っています。

山中　それはもう本当にその通りだと思います。適度なストレスは交感神経系を刺激して、判断力や行動力を高めますし、十分なパフォーマンスを発揮するためには必要です。ですが、過度のストレスこそ健康に良くありません。過度なストレスは脳にかなりダメージを与えると言われています。対局はかなり長い時間、緊張を強いられると思いますが、適度なストレスになるんでしょうか。

谷川　どうなんでしょう。長時間の対局は寿命を縮めているんじゃないかというお話をしましたけれど、残り時間を記録係に三十秒、四十秒、五十秒と秒読みされているときも、やっぱり身体には悪いんだろうなと思います。でもまったく逆の意味で、秒読みのときは「ああ、自分は将棋の棋士なんだな」と自覚できる瞬間でもあるんです。

山中　五十秒、一、二、三、四……と読まれますよね。見ていても「いつ指すんだろう」とこっちがハラハラしてしまいます。

谷川　秒読みになったとき、けっこう時間ギリギリまで指さない人もいるんですよね。

山中　わざとですか。

谷川　いや、わざとではなくても、八、九で指せばいいわけなので。ギリギリまで指してくれないと、逆に対局相手のこちらのほうがドキドキしてしまいます。

山中　それで時間をオーバーしたら、その瞬間、負けになるんですね。

谷川　十秒までいくと負けです。でもそこは基本的に記録係の人間が読むものなので、なかなか十は読みづらいと思いますね。でもいまは自分で対局時計のボタンを押すこともあるので、それだともう忖度なしに十を読まれて、ブザーが鳴ったら負けということになります。

山中　そういう機械があるんですか。

谷川　最近、公式戦で記録係が付かず、局面が動いたら天井のカメラが自動的にそれを認識して「7六歩」などと記録する「自動棋譜記録システム」が開発されて、徐々に導入されています。私はまだやったことはないんですけど、指し手から早押しクイズのボタンみたいに押すと、相手のほうの時間になります。

山中　指しただけではダメなんですか。

谷川　指して、ボタンを押した段階で着手完了なので、うまく押さないとダメですね。押せなかったら時間切れになります。機種によりますが、時間切れになる五秒前から警告音を鳴らしたり、時間切れになると、「ビーッ!」という音や「時間切れです」と音声で勝負がついたことを知らせるものもあります。

山中　指して、押す。押して、指したらダメですか?

谷川　それはダメです。着手に用いる手とボタンを押す手が違ったらダメなんですよ。だから右利きの人の場合、右で指して、右で押さなければいけない。

山中　なんか、そっちのほうがよっぽどストレスがかかりますね。

谷川　そうかもしれません(笑)。

山中　同じ将棋でも、谷川さんがされている詰将棋の創作はどうなんでしょうか。脳の老化防止につながるようにも思うんですけれども。

谷川　詰将棋創作は、詰将棋を解くこととは違ってクリエイティブな作業です。たとえば画家とか書家の方は比較的長生きをされるイメージがありますけれども、何歳になっても創作活動に励めるというのは健康長寿につながるのかもしれませんね。七十代、八十代で詰将棋の作品を投稿して発表される方は数多くいらっしゃいます。年齢に関係なくできるものなんだろうなと思います。

詰将棋創作に関しては、私は趣味で自然に取り組んでいます。二〇二三年一月から地元の神戸新聞で短編の易しい詰将棋を毎週土曜に掲載しています。毎週締め切りが来るので、早め早めにちょっと時間があるときは詰将棋をつくっています。

山中　それは精神的にも脳への刺激という意味でも良さそうですね。

第五章　ＡＩで老化を防げますか

チャットGPTの驚異

山中　少し前に話題になった「チャットＧＰＴ」という対話型のＡＩは、本当に驚くべき技術です。いろいろな使い方があるし、どこまで使っていいかという問題もあると思います。僕が最近よく使っているのが、英語の校正なんです。以前は自分で書いた英語について、人間のネイティブ・チェックを頼むと、二〜三日かかった作業が、チャットＧＰＴだと五秒で返ってきます。

谷川　五秒ですか。

山中　しかも、「ああ、僕はこれを言いたかったんだ」「僕の気持ちがわかっているんじゃないか」と思うぐらい洗練された英語に直してくれます。それが本当に見事で、毎回感動するんです。

谷川　使いこなせばこなすほど、山中さんのお気持ちがわかってくる。

山中　そうなんです。ただ、それをそのまま使うと、日本人が書かない文学的な表現や単語を使ってくるので、チャットＧＰＴに直してもらったことがバレてしまう（笑）。だから最初のうちは「いや、これはちょっとやり過ぎです。僕は日本人なので、こんな見事な英語は書けません」と返すと、向こうも考えて日本人っぽく直してくれる（笑）。

谷川　至れり尽くせりですね。

山中　ＡＩがどんどん進化すると、ＡＩに仕事が奪われるという議論がありますけれども、確かにいままで校正してもらっていたネイティブ・チェックの仕事は、けっこう危うくなっているなというのが正直な意見です。

谷川　おそらく英語の校正だけではなく、いろいろな領域で同じようなことが起こりつつあるんでしょうね。

山中　僕は日本とアメリカの両方で研究してきましたけれども、アメリカに行くと、研究をサポートする方がたくさんいて、研究者よりもベテランで給料もけっこういい。そうすると、彼ら彼女らがかなりの仕事をやってくれて、研究者は研究のことだけを考えられる環境が整っているので、傍から見ると暇そうにウロウロしているんです。

谷川　散歩しながら考えているんでしょうね。

山中　ええ、ぶらぶらしながら「シンヤ、ホワッツ・ニュー？」「何か変わりはないか？」とか声を掛けてきます。ところが日本に帰ってくると、教授は事務処理に忙殺されています。だからアメリカでは研究者は創造性を求められるんですけども、日本では事務能力が求められる。事務能力が高くなければ、なかなか教授にはなれません。そういう事務処理がチャットGPTによって英語の校正だけでもずいぶん助かりつつあります。

AIとの「対決」から「共存」へ

山中　でもそうなってくると、日本の研究者はいままでは「事務仕事が忙しいから」という言い訳をしてきたんですが、逆に僕も含めて言い訳できなくなってきています(笑)。それができなくなったとき、本当に創造性が求められるようになってきます。AIをめぐる議論で、「単調なことはチャットGPTのようなAIに任せて、僕たちはもっと創造的なことに時間が使えるようになる」とよく言われます。AIの存在によって、むしろ人間の能力が新たに開発されるのかもしれませんね。

そんなふうに僕たち研究者の世界では、チャットGPTにけっこう翻弄されているんですけれども、将棋の世界では直接影響を受けているということはありませんか。

谷川　チャットGPTなどの生成AIというよりはAI、将棋ソフトによって大きく様変わりしましたね。令和に入る少し前ぐらいから棋士とAIとの関わり方が、がらりと変わりました。それまで棋士とAIの関係が「対決」だったのが、「共存」になって、棋士は

ＡＩを使いながら強くなっていくようになりました。

山中　ＡＩが人間の名人に最初に勝ったのは、どれくらい前ですか。

谷川　十年ほど前から実力的にはもう五分になって、ＡＩが現役名人に初めて勝ったのが二〇一七年です。

山中　当然、いまは普通に対局すると、人間はＡＩに勝てない。あくまでも学習というか、研究のために使う。

谷川　そうですね。ＡＩが示す手を自分なりに研究して、結論を出す。ただ、それが果たして使いこなせるものなのかどうか、という問題はあります。ＡＩは一つの局面からの道筋を示してくれますけれども、対局がその通りに進むとは限りませんし、ＡＩの示した手をすべて記憶することもできません。

どこかで新しい局面になるので、そのときに、自分の実力が一〇〇パーセント発揮できるかどうかは、自分の考え方や感覚と相談をしながら、ＡＩの示す手を「これは取り入れてみよう」「これはさすがにやめておこう」というのは、人それぞれ……。

山中　取捨選択をしなければいけない。

谷川　そうですね。

藤井八冠は考えることで強くなった

谷川　確かに以前は、プロの棋士を志したら、自分の力で強くなるしかありませんでした。それがいまは、それぞれがAIという非常に優秀なコーチを携えて、プロになってもそのコーチが二十四時間付いていてくれる。将棋が強くなる環境は明らかにいまのほうが整っていますね。

ただ、棋士は勝負のときには一人で考えて答えを出す孤独な戦いをしているようですが、やはりそこには師匠や応援してくれる人の存在があります。将棋界では師匠を替えるということはないので、その師弟関係はとても長く続くことになります。自分には師匠がいて、いつも優しく厳しい目で見守ってくれていると思えることが自信につながるように思います。

山中　将棋や囲碁の師匠というお仕事は、今後も決してなくならないということですね。

谷川　そう思います。それからAIは現在の局面における最善手を示してくれるんですけれども、その手の意味を考えるのは棋士個人です。一手だけ示されて、実際の対局でその手を指しても、二手目以降は自分で切り開いていかなければいけません。前にお話ししたように、どこかで初見の局面に向き合うことになるので、そこからは自力で考えていくしかないんですね。結局は自分の脳で考える力が問われるということです。

藤井八冠の強さの秘密も、やはり考え抜くことにあります。藤井さんもＡＩの世代なので誤解をされている方が多いんですけれども、彼が強くなったのは、初見の本当に難しい局面、答えが簡単に出せない局面に対して、限りない選択肢や可能性を時間いっぱいに使って考えるからです。自分の力だけで考え続けて、自分なりの結論を出す。その積み重ねで強くなったんですね。そして公式戦の対局を重ねることで、さらに強くなっています。

山中　なるほど。確かに彼と対談していると、対談の途中でもけっこう長考されて……(笑)。

谷川　ええ。質問に対して一分ぐらい考えて返事をすることもありますね。でも、やっぱり一分考えたなというぐらい、返ってくる言葉は非常に的確で整然としています。

山中　そうなんです。

谷川　そのままテープ起こしをして原稿にすれば済むぐらい、頭の中できちんと整理をしていますね。

山中　理路整然として、僕が人生で使ったことのないような難しい言葉も使う。

谷川　「僥倖《ぎょうこう》」とか「望外」とか、彼は中学生のころからけっこう難しい言葉を使っていましたよね。ただ、そういった言葉を使うたびに記事にされていたので、最近はあえて使わないようにしているという印象を受けます。

山中　逆に。そうですか。

谷川　でもとにかく将棋が好きなんですよ。ですからタイトルや記録といったことよりも、とにかくもう将棋が好きで、難しい局面とか結論が出ない局面を考えることが好きなんですね。ですから長時間の対局でも疲れない。

AIも間違えることがある

山中　なるほど。「考えることが好き」というところから、もう違いますね。学生たちがレポートをチャットGPTに丸投げして、自分では何も考えずに提出してしまうのではないかということが問題になっています。それは時間の節約にはなるかもしれませんけども、トレーニングという学びの場を自ら放棄しているようなものです。そればかり続けていると、本当にボケてしまう。その意味では、昔は心配しなくてよかったことを心配しないといけない時代ですね。

谷川　これからは生まれたときからＡＩが身近に存在する世代になっていきます。それに伴ってＡＩが進化してきたことで、棋士は余計にＡＩを活用した研究に打ち込む時間が長くなってきています。それを十代、二十代のときに、ほかのことを犠牲にしてまでできても、三十代、四十代になってもできるかという問題があります。

ＡＩを使った研究に傾きすぎると、自分で考えるというたくましさ、力強さがなくなってしまうように思います。ＡＩに頼っている若い人たちが二十年後、三十年後、羽生さんのように五十歳でタイトル戦に出るようなことができるのかと考えると、ちょっと疑問ではありますね。

山中　よくＡＩに支配されるのではなく、共存していくことが大事だと言われますね。

谷川　はい。当然、ＡＩも一〇〇パーセント正しいわけではありません。ＡＩの感覚としては正しくても、人間に置き換えてみると、必ずしも正しくない、あるいは置き換えることができないということもあるはずです。やはりきちんとＡＩの情報を自分の中で考えて、自分で結論を出すということが大事です。これは将棋の世界に限らず、すべての世界においてそうなのではないかなと思います。

人間は美意識に合わない手は指さない

山中　以前、羽生さんから伺った話で、人間がずっと将棋を指しているうちに培ってきた経験や感覚から、理由ははっきりわからないけれども「気持ちがいいと感じる手」があって、そういった美意識に合わない手を人間は指さない。でもＡＩはそういうことにはまったくとらわれずに、とんでもなく気持ち悪い手を平気で指してくる、とおっしゃっていました。

谷川　そうですね。やはり人間はすべてを読み尽くすわけにはいかないので、大多数の手を最初から捨ててしまいます。「美しい形」とか「美しい手」というのが人間の感覚としてあって、そういう手が「正しい手」「正しい指し方」になることが多いんです。

ただ、やっぱり例外もあって、プロの目で見て違和感があったり、あまり美しくない手が逆にいい手になったりすることもあるんですね。ＡＩはそういう美醜や違和感にはまったくお構いなしで、すべての手を読み尽くそうとするので、人間が最初から捨ててしまったような手を拾い上げて指してくるわけです。

山中　遠慮も忖度も何もない。

谷川　はい。それによって、じつは将棋の可能性が広がったと言えると思います。先入観を持たないというのがＡＩの良さですから。前にお話ししたように、経験を積むということは、逆に選択肢を自分でせばめているという可能性もあるんですよね。歳を取ると、新しいアイデアや着想がなかなか生まれなくなるのも、そういったことが関係しているのかもしれません。

山中　なるほど。経験とか学習によって脳内で何が起こっているのかを脳科学的に言うと、新しい神経がそこで生まれているわけではなくて、シナプスという回路ができては消えながら、次々につくられていくわけです。過去の対局に基づいて回路をつくっていくと、ある一定のパターンができて、そのパターンに沿うと「気持ちがいい」「美しい手だ」となる。異なると「何だ、この気持ち悪い手は？」となる。

でもＡＩを相手に研究をしていると、過去の対局からはなかったような刺激が入ってきて、きっと新しい回路が増えていっているんだろうなと思います。脳の中で起こっていることを想像すると、そういうことではないでしょうか。

谷川　いままで結びついていなかった点と点が結びついて、新しい回路ができるということでしょうか。

山中　多分そうだと思います。ただ、そのまま使わないでいると、新しくできた回路がなくなってしまうことにもなるんでしょう。僕は脳が専門ではないので、どこまで科学的に正しいことかはわからないんですけれども。でもＡＩという新しい刺激で、棋士の頭の中も新しい回路がきっとできているんだろうなと思いますね。

ＡＩが脳の老化を防止する

谷川　将棋ソフト同士の対局の棋譜を見たりすると、とても理解できないような、脈絡のない指し手がけっこうあるんですね。私たちは次の一手を考えるときに、それまでのことをもとに、「こういう流れで、こういう構想で進めてきたので、その後もその流れに沿って進めたい」という思いがあるんです。

でもソフト同士の対局には一手一手のつながりがあまりなく、現在の局面でのベストの手を考えて指して、相手が進めてきたら、またそこで現在の局面でのベストの手を考えて指す。流れとしてはブチブチ切れているような感じです。囲碁にたとえると、戦いがあちこちで起こっていて、盤上右上の手を打ったかと思えば、今度は左下で、また左上みたいな感じで、何をやっているかまったくわからないんです。

山中　いったいどこで戦っているんや、と。

谷川　おそらくＡＩの読みとしては、それがベストの選択ということでつながっているんだと思うんですけれども、とても理解ができません。

山中　人間だと、「まずここで一戦交えて、落ち着いてからこっちに転じて」というふうになりますよね。ＡＩは人間とはかなり違う振る舞いをするということですか。でも逆にプログラムの仕方によっては、いかにも人間が教え導いているような対局をする、そういうＡＩも理論的には可能ですね。

谷川　そういうこともあると思います。わざと、ちょっと手を緩めてくれたり（笑）。

山中　以前、羽生さんから聞きましたが、相手の手を見ながら棋力を微調整して、ギリギリの接戦の末に最後は負けてくれる「接待将棋ソフト」を研究している方がいるそうです。

谷川　でないと、私たちプロでもソフトにはかなわないんですから、アマチュア相手にはさらに手加減してもらわないと。

山中　そういう意味では、僕は自分で考えたことをチャットＧＰＴのようなＡＩにコーチしてもらうような使い方をすれば、むしろ脳の刺激になって、加齢に伴う脳の老化防止にもすごく役立つんじゃないか、と思います。

たとえば英語の校正にしても、ＡＩに直してもらうことによって、「ああそうか、そう言えばいいのか」と、こちらも学習しています。単に楽をしているだけではなくて、自分の英語力のアップに絶対つながっているはずと信じています（笑）。というのも、毎回こちらがしっかりとした英語でリクエストを入れないと、ＡＩのほうもきちんと返してくれないんですよ。やっぱり何を言いたいかが伝わらないと、向こうも困ってしまうみたいです。だから、こちらもある意味、実力をつけていかないと、助けてもらえない。でもうまく使えば、本当に優秀な相棒になると思います。

谷川　ライバルにもなりますね。

山中　ええ、ある意味、立派な師匠になるかもしれません。

若手も追いつけないＡＩの進化

山中　おそらく棋士の方たちは、指すのも考えるのも自分なんですけど、そこでＡＩの意見を取り入れて、自分を高めるためにＡＩを使っていらっしゃる。

谷川　はい。私たちももちろん、ＡＩに頼る部分があるんですけれども、以前の将棋は言ってみれば、将棋盤を挟んでからが勝負でした。でもＡＩの発達によって、ＡＩを使った事前研究の度合いがどんどん大きくなってきています。それはこれからの戦い方にも大きく関連してきます。

たとえば、私の二十代、三十代は「角換わり腰掛け銀」という戦型を一番得意戦法にしていました。結果も残していたので、この歳になってもやりたくなるのですが、いまの「角換わり腰掛け銀」はもうまったく違うものになっています。

というのも、ＡＩの研究が一番進んでいる戦型で、藤井八冠をはじめとするトップ棋士がこの戦型を極めよう、極端に言うと結論を出してしまうぐらいの意気込みで研究を進めています。昔とはもう異なる戦法だと考えたほうがよくて、若手の棋士相手に何も知らないベテランが飛び込んでいくと、大やけどするということになっています。

山中　最先端はそういうことになっているんですね。

谷川　若い人と最新型で戦うと、こちらは知らないので一手一手考える。でも相手はノータイムで返してくる。それが続くと、その段階で「ああこれはもう調べつくされているな」と思ってしまいます。

特に最先端の「角換わり腰掛け銀」や「相掛かり」などタイトル戦などで頻出する戦型

ほど研究が進んでいます。いまは特にトップ棋士がＡＩを使って調べ尽くしています。「角換わり腰掛け銀」の最先端をわかっている人は数人ではないでしょうか。五十代、六十代はＡＩの進化にはついていけていませんけれども、若い人もついていけていないかもしれません。

山中　将棋の世界には、谷川さん、羽生さん、そして藤井さんというスーパースターがときどき現れるんですが、また藤井さんに次ぐような人も現れるんでしょうか。

谷川　藤井ブームで将棋を覚えた子どもたちが、そろそろこの世界に入ってきて、また五年ぐらい経てばプロ棋士になって——というように、十年サイクルぐらいで、かなり強い棋士や強いグループが出てくる傾向はありますね。

山中　藤井さんのこれからも見逃せませんけども、その後にどんな若手が出てくるかもすごく楽しみですね。

第六章　いつまで現役を続けますか

若手と全力でぶつかるという幸せ

谷川　一般の社会では、二十歳も三十歳も年齢が離れてしまうと、本気でぶつかり合うことがなかなかできなくなっていると思います。けれども、将棋の世界はそれができるということを最近、特にありがたいなと思うようになってきました。

私は藤井聡太八冠とはちょうど四十歳離れています。これから藤井さんと対局する機会があるかどうかはわかりませんけれども、将棋を現役で続けている限り、三十、四十歳下の後輩と全力でぶつかり合うことができるというのは、とても幸せなことだと思います。それがもしかしたら脳の老化を抑える方法になるのではないかとも感じています。

山中　羽生さんと藤井さんが戦って、藤井さんがタイトルを防衛しましたね（二〇二三年一～三月、第七十二期王将戦）。

谷川　はい。羽生さんは三十二歳差の五十二歳で王将戦の挑戦者になりました。

山中　二勝されましたよね。

谷川　そうですね。二勝四敗。でも本当に大接戦でした。私は羽生さんよりも八つ年上ですけれども、羽生さんが活躍していると、「自分もやれるんじゃないか」と、ちょっと勘違いをさせてもらえる（笑）。それだけでもありがたいなと思います。

山中 そうやって若い人と、ある意味対等に争う、競争できるというのは、本当に幸せなことですよね。

谷川 ええ。もちろん、最後には「負けました」と言って、頭を下げることが圧倒的に多くなってきています。でも実際に対局してみなければ、彼ら若い世代の考え方や感覚はわかりません。

羽生さんは王将戦というタイトル戦を通じて、藤井さんに何か伝えたいものがあったのではないでしょうか。もちろん、真剣勝負をしているんですけれども、伝統をつないでいくというようなお気持ちもあったのではないのかなと思います。藤井さんにとっても、羽生さんとタイトル戦を戦ったことで大きな貴重な経験を得たと思います。

山中 いま、僕の研究のメインの場所はアメリカなので、向こうに行くと、同僚として二十代、三十代の研究者と対等に話せます。なかには、はっきり言って「かなわないな」と思う若者もいるんです。でも彼らとお互いにファーストネームで呼び合って話をしていると、すごく刺激になります。

いかに脳を若く保つかという意味では、若い人とフランクに話せる環境はすごく貴重ですね。時差も大変なのに、どうして僕は毎月、アメリカに行って研究しているのかなといつも思うんですけども、一番の理由は何歳になっても研究者同士がフランクに話せる、あの雰囲気が大きな魅力なんです。

谷川　それに比べると、日本の若い世代は遠慮しているのか、ちょっとおとなしい感じがしますね。国民性もあるのかもしれませんが。

山中　日本社会のいい面であり、悪い面でもありますが、歳の離れた者同士がお互いに対等に向き合うことはほとんどありませんよね。そもそも日本では、誰も僕のことを「シンヤ」とファーストネームでは呼んでくれない（笑）。

谷川　それは私も呼べませんけれども（笑）。

山中　グラッドストーンで「シンヤ」と呼んでいた日本人研究者も、日本に戻ってくると「山中先生」と呼称が変わってしまうんです。「京都大学iPS細胞研究財団」が設立されたとき、お互い「さん」付けで呼ぼうというルールをつくって、僕は「山中さん」と呼んでもらうように決めたんです。僕のほうはそれでいいんですけれども、相手からはなかなか最初大変だったみたいです。いまだに「山中先生」と呼ぶ人がいます。それくらい呼び方というのは難しいんだなということを痛感しました。

ただ、そこに先ほど話したＡＩが入ってきたでしょう。ＡＩにそうした忖度はありませんからね。若い人だけではなくてＡＩも加わって、両方から刺激をもらえるようになって、ある意味いい時代になってきたなと思っています。

モチベーションをどう維持するか

谷川　サイラの所長時代は、研究を進めるための資金集めなど、いろいろと心労もおありだったと思います。二〇二二年三月に所長を辞められて、やっと解放されたという感じですか。

山中　一方で財団の理事長はやっていますからね。ただ、サイラの職員数は約五百人で、財団は約百人ですから規模が違います。所長のときはびっくりするような出来事がけっこうありました。謝罪会見も何回もしました。もう「謝罪会見のプロ」みたいになっていました（笑）。

谷川　なかなかすべてに目が行き届くものではないでしょうね。そうすると、所長時代はまったく研究にはならなかったですか。

山中　唯一、アメリカで細々と続けていました。でも基本的にアメリカにいる四〜五日間は研究について考えることができても、日本に帰国した途端に、もう考えられないですから途切れ途切れになってしまいます。いまは日本にいるときも、アメリカとはオンラインでずっとやりとりしていますから、継続して研究のことを考えることができます。オンラインが一般化したことは、コロナ禍がもたらした数少ないいいところですね。

谷川　サイラに定年はあるんでしょうか。

山中　京大はすべて一緒で教員は六十五歳で、事務系は六十歳でしたが段階的に六十五歳まで引き上げているところです。退職後は私学へ移られる方もいますし、特別教授などといった形で京大に残られる方もいます。自分の会社をつくっている人もいます。

谷川　山中さんは、どうされるんですか。

山中　うーん、未定。プロランナーになろうかな（笑）。

谷川　フルマラソンは何歳まで走るおつもりなんですか。

山中　それはグッド・クエスチョンですが、ちょっとわからないですね。あのスポーツを続けるには、モチベーションが絶対に必要なんです。毎日の練習はやっぱり大変なので、結局、自分を奮い立たせないとできません。五キロや十キロを運動として走るのは、ずっと走ると思いますけど、フルマラソンはいままでは自分の記録を抜くことを一つのモチベーションとしてやってきました。その意味では自分との戦いでした。けれども記録更新は近い将来、多分無理になります。その後、どうやってモチベーションを維持できるかです。

あるいは、タイムは遅くなるけれども、毎年報告されている年代別順位を目標にする人もいるでしょうね。僕の順位は何百位から少しずつ上がっていて、二〇二三年はやっと百位以内に入ったかなと思ったんですけど、なんと百二十七位。みんなコロナの間に頑張ったみたいです。

谷川　競争が激しいんですね。

山中　あとは「シックス・メジャーズ」という世界中の市民ランナーが憧れる大規模な六つのマラソン大会があります。東京、ボストン、ニューヨークシティ、シカゴ、ロンドン、ベルリン、この六大会を全部走ると表彰されるんです。それを目指すか。何歳まで続けるか、ちょっとまだわからないですね。

谷川　走っているときの爽快感がモチベーションにつながることはありませんか。

山中　うーん、爽快感が得られることもあれば、しんどいと思うときもありますよ。一つ間違いなく言えることは、走った後のビールがおいしい（笑）。

若手の邪魔をしてはいけない

谷川　マラソンを続けないとなると……。

山中　僕には研究がありますから。

谷川　やっぱりそこに行き着きますよね。山中さんは研究者を何歳ぐらいまでしたい、あるいは死ぬまでやりたいというようなことを思っていらっしゃいますか。

山中　役に立つ間は続けたいですね。走るほうだけではなく、同じように脳のほうも六十というのは研究者としての限界が来ているかもしれません。所長時代の十二年間は、やはり研究にほとんど力を使うことができなかったんですね。気がついたら六十前になって、本当の意味で自ら研究できる時間が限られているなと強く思いました。所長は髙橋淳先生に引き継いでいただいて、もう一度なんとか研究に戻ろうとしています。でも谷川さんに書いていただいた「清流無間断《せいりゅうむかんだん》」の通りですね（編集部注＝対談当日、谷川氏はこの言葉を揮《き》毫《ごう》した色紙を山中氏に贈った）。

谷川　清い流れが絶え間なく流れるように、常に活動をしていると淀みがなく清らかである、というような意味ですね。

山中　はい。それと一緒で、ずーっとやっていて流れている間は簡単にできたことが、いったんとどまると頭が淀んでしまって、なかなか元に戻れません。まだまだ不十分だなと思っています。

谷川　でも少し若返られたんじゃないでしょうか。

山中　といっても、研究も若い人の邪魔になってはいけません。自分が研究をやるということは、若い人のチャンスを一つ奪っていることになりますから。研究は以前のように自分がすべてするのではなくて、アドバイザーに徹する方法もあります。

いまはさまざまな大学の研究者と一緒に始めていて、研究グループの中で僕はダントツ年長者、一緒にいるみなさんは四十代と若いんです。でもある意味、知識は彼らのほうがあるし、勢いもあります。彼らがフルにやってくれたらいいと思っています。所長時代は立場が違うので、対等という感じにはなりたくてもなれなかったんですけれど、今度は逆にこっちが教えてもらうような関係です。

谷川　私も三十代の若手棋士たちと月に一回ほど自宅で研究会をしていますけれども、二〇一七年に始めたときは、タイトル戦に出たときの経験も含めて、こちらも教えることがたくさんあったんです。でもいまは若い世代の新しい考え方や感覚など教わるばっかりになってきて……どうにか見捨てられないようにしようと頑張っています（笑）。

山中　自分が一生懸命やることによって、若い人たちも一生懸命にやりますからね。ただ、自分で見つけた遺伝子のＮＡＴ１《ナットワン》だけは生涯のテーマなので、ぜひ自分で明らかにしたいですね。

ＮＡＴ１解明は生涯のテーマ

谷川　生涯のテーマという研究は、どういうものなんでしょうか。

山中　ＮＡＴ１は僕が留学していたアメリカのグラッドストーン研究所で見つけて、名づけた遺伝子です。最初に見つけた一九九七年からずっと研究しているんですけれど、まずわかったのは、この遺伝子がＥＳ細胞にとって非常に大切ということです。

ＥＳ細胞には、ほぼ無限に増えるということと、体中のあらゆる細胞をつくりだせるという、二つの性質があって、ＮＡＴ１は二つ目の能力に不可欠の設計図ということがわかったんです。つまりＮＡＴ１という設計図を働かなくすると、ＥＳ細胞は増えることはできるけれども、ＥＳ細胞から脳の細胞とか神経細胞をつくりだすことができなくなる。それでＥＳ細胞の研究を続けた結果できたのが、じつはＥＳ細胞に働きがそっくりのｉＰＳ

細胞なんです。

谷川　ＮＡＴ１研究はｉＰＳ細胞の生みの親というわけですか。

山中　そういうことです。それも最初は動脈硬化の研究をしていたら、予想外の結果から偶然、がんの研究に没頭することになって、がんの研究をしているつもりが、ＥＳ細胞に大切なＮＡＴ１を発見することになりました。本当に何が功を奏して、何が悪いことに転じるかなんてわかりません。まさに「人間万事塞翁が馬」ですよ。

谷川　山中さんの座右の銘の通りですね。

山中　でもＥＳ細胞にとって大切ということはわかったけれども、なぜ大切かがまだわかっていません。ＥＳ細胞だけではなく、脳や心臓、皮膚、血液、あらゆる細胞でＮＡＴ１が普遍的な働きをすることがわかりつつあって、でもどういうふうに重要かがまだ全然わかっていない。ＤＮＡがＲＮＡに転写されて、ＲＮＡがタンパク質に翻訳されるとき、ＮＡＴ１はその翻訳に関わっているのは間違いないんですけれど……なかなか苦しんでいます。

谷川　そこが解明されると、いろいろな病気の治療につながるんですか。

山中　つながるかもしれません。ただ、基礎研究なので大切なことは間違いないんですけれど、人間の病気の治療に即つながるかどうかはわかりませんね。

谷川　仕組みをとりあえず解明するということですね。

山中　はい。人体の基本の仕組みが異常をきたすと病気になりますから、その基本原理を理解しない限り治療はできません。iPS細胞はそれを用いてどう病気を治すかという仕上げの段階ですが、NAT1はもっと始まりのほうの、まさに基礎研究です。

谷川　グラッドストーン研究所では、それをもっぱら研究されているんですね。

山中　いまはもう八割はNAT1研究ですね。残りの二割で前にお話ししたiPS細胞になるプロセスを途中で止める研究です。

戦わない自分が想像できない

谷川　じつは現役で私が一番の先輩棋士になることが決まりました。現役最年長だった青野照市九段が二〇二三年度順位戦でC級2組から降級になって引退が決定したためです。歳上の棋士はまだ何人かいらっしゃいますけれども、現役の期間でいうと一九七六年十二月に棋士になって四十七年の私が一番になるんです。

山中　そうなんですか。

谷川　この歳になると、何歳まで現役で続けるかというのは常に考えますね。まだまだ続けたいという気持ちがあって、六十五歳までは必ず続けると思うんですけど、それ以降は成績次第です。

じつは私もB級1組に落ちた次の年に負けが先行して降級しそうになったことがありました。当時まだ五十三歳で、B級1組から一年でB級2組に落ちても引退は考えられませんでした。B級2組に落ちたのは二〇二〇年ですが、この順位戦の地位をずっと保ち続けていれば、六十五歳を過ぎても続けたいと思っています。

山中　六十五歳というのは、何か基準があるんですか。

谷川　一応規定があるんです。少し複雑ですけれど、順位戦には名人戦挑戦者を決めるA級からC級2組まで五つのクラスがあります。順位戦では毎年同じクラスの棋士たちと対局があり、成績が悪いと、クラスが落ちていきます。順位戦を指さずにフリークラスに転出するという選択肢もあるんですが、その選択肢を選ぶと、六十五歳で自動的に引退になります。ちなみにB級2組で降級点を二回取ると、C級1組、さらに同組で降級点を二回取るとC級2組に落ち、さらにC級2組で三回降級点を取るとフリークラスに落ちますが、この時点で六十五歳を超えていると引退になります。

ですから負け続けてもいいということであれば、あと七、八年は最低でもできます。ただ、順位戦は持ち時間が長くて年間十局のリーグ戦で昇級・降級が決まるので、そういう意味では体力的にも精神的にも一番厳しい。

それと、私の場合は「永世名人」という立場があります。順位戦で下のクラスまで行って現役を続けることがいいのかどうか。たとえば、同じ永世名人でも大山康晴十五世名人は「A級から落ちたら引退する」と話しておられました。中原誠十六世名人はA級から落ちて、B級1組で二年指されて、その後フリークラスに転出されました。

私自身は永世名人ではあっても、残念ながら実績において大山先生、中原先生には遠く及びません。とはいえ、永世名人ではあるので、順位戦でどのクラスまで指すことが許されるのかという気持ちはありますね。

山中　加藤一二三《ひふみ》先生が引退されたときは、確かC級でしたよね。

谷川　はい、加藤先生は一番下のC級2組まで指されて、降級点が三回になったことで規定によって引退されました。

山中　一般の企業だと、歳を取ってもなんとなしに会社に残ることもありますけれども、将棋界は完全に実力勝負なので本当に厳しいですよね。

谷川　勝負の世界ですから、いくら偉そうなことを言っても、結果を残せなければ説得力がありません。それに立場によって収入もどんどん減っていきます。そういう意味では潔いですね。

山中　逆にいうと、体力や記憶力、瞬発力が衰えても勝っていかなければいけないという世界は過酷ですね。

谷川　年齢が上がっていくと、読みの緻密さ、正確さはどうしても精度を欠くところがあります。でも感覚的なものはそこまで衰えないので、本筋を考えなくても指せます。そういう力は五十代、六十代、七十代になっても、そこまで変わらないように感じます。

二十代、三十代のころは、タイトル戦に絡めなくなったりトップ棋士でいられなくなったりしたら、進退を考えなければいけないと思っていました。でも四十代、五十代となっていくと、その気持ちはなくなりました。四段でプロになってから半世紀近く経って、もう公式戦の対局がある生活が当たり前になっています。公式戦を戦わない自分がまず想像できないんですね。もちろん一番根っこのところでは、「やっぱり好きだから」ということがあります。

山中　やっぱり好きなことを続けることが精神の豊かさにつながりますよね。

藤井聡太の表情が突然変わった

谷川　藤井八冠と公式戦で対局することは、なかなか難しいと思います。ただ、今のトップ棋士とは、こちらが予選で何局か勝っていけば対戦できます。現役を続けているからこそ、よりいっそう将棋に真剣に取り組める、向かい合えるということがあると思います。

この間（二〇二三年十月）、京都の仁和寺で藤井竜王に伊藤匠七段が挑戦した竜王戦の立会人を務めました。圧倒的な強さを示した藤井さんの読みの深さ、正確さはよくわかっていますけれど、伊藤さんもまだ二十一歳になったばかりとはいえ、とても落ち着いていました。

特に第二局に関しては、伊藤さんは負けたけれども、内容的にはもう互角に戦っていましたね。それぐらい中終盤の読みの深さ、正確さを感じました。二人の対局に刺激を受けて、彼らが考えていることを少しでも理解したいと思いました。やはり現役で戦うことによってこそ、いまの将棋界の最先端がわかります。もちろん、すべてはわからなくても、少しでも近づけるところがあるはずです。

山中　若い世代から刺激とパワーをもらっている。

谷川 はい。じつはその竜王戦の第二局の対局後、場所が離れた解説会場に対局者が行ってファンにあいさつをするというスケジュールになっていて、私は藤井さんと車内で行き帰りの十五分ぐらい一緒だったんです。行きは何も話さず、帰りも対局後で疲れていると思って静かにしていたんです。

でもせっかくの機会なので、対局について「あそこはどういうふうに見ていましたか」とちょっと水を向けたら、突然、それまでとはもう表情が変わって、すごい勢いで指し手が返ってくるんですよ。もう十手先、二十手先のことを話し出して、こちらはついていくのが精一杯です。「ＡＩはこういうふうに評価していましたよ」と言ったら、「ああ、そうだったんですね」と本当にうれしそうなんです。

こちらはＡＩの評価を知りながら話をしているのに、それでもちょっと勝てないなという感じがして衝撃を受けました。対局者の伊藤さんには申し訳なかったけれども、彼より先に藤井さんと感想戦ができたのはうれしかったですね。藤井さんの師匠の杉本昌隆さんが「彼と何の話をしていいのかわからないが、結局、彼が一番喜ぶのは将棋の話」とどこかに書かれていましたが、「本当にそうなんだな」とあらためて感じました。

山中 面白い話ですねぇ。しかし藤井さんは強すぎて、どうなっちゃうんですかね。

谷川　私も正直、二十一歳で全冠制覇とは思いませんでした。二十三から二十四で、そういうことはあるかなとは思っていましたけれども。

山中　羽生さんが七冠を全冠制覇したのは何歳のときですか。

谷川　二十五歳のときですね。

山中　七冠はどれぐらいの期間、維持されたんですか。

谷川　半年ぐらいです。

山中　やっぱりそれだけ大変ということですね。

谷川　ただ、藤井さんは、まだ一度もタイトル戦で負けたことがありません。ほかの棋士が藤井さんに一局の勝負には勝てても、五番勝負、七番勝負のタイトル戦で勝つというイメージがあまり描けません。挑戦者の棋士たちもなかなかイメージが湧かないんじゃないかなと思いますね。

一期一会を感じながら

山中　確か藤井さんが子どものときに、谷川さんの指導将棋で負けそうになって大泣きしたというエピソードがありましたね。

谷川　ええ。彼が小学二年生で、名古屋の将棋イベントで多面指しの指導将棋をしたときのことですね。こちらは飛車と角を落とすハンデをつけて、私が勝ちそうだったんですけれども、「引き分けにしようか」と話した瞬間、将棋盤に覆いかぶさって火がついたように泣き始めました。彼は当時、アマチュア三段で、二枚落ちで勝てるという自信があったのではないでしょうか。それだけに、不本意な内容だったことがよほど悔しかったんだと思います。あるいは、もう少し対局を続けたかったのかもしれません。

山中　でもその悔しさ、反発心はＡＩにはなくて、人間固有のものでしょう。おそらく若さを保つためにも、そういう気持ちは持ち続けていなければいけないんじゃないでしょうか。

谷川　そうですね。私の年代になると、負けたときの悔しさを失った時点で「そろそろ引退が近い」と思ったほうがいいのかもしれません。というのも、長く現役を続けるには、現役棋士としての精神状態を保たなければなりません。そのためには、そこそこ勝っていないと難しいと思います。

私自身は勝ち数から負け数を引いた勝ち越しの数が一番多かったのが、四十過ぎのときで五百ぐらいです。それからどんどん勝ち越しの数を増やしていくつもりでしたが、全然増えず、逆に減っています。四十代はそんなに勝ち越せていません。
しかも日本将棋連盟の役員時代は本当に成績が悪くて、役員を辞めて一年後、仕事で呼ばれたときに、あるファンの方から「谷川先生、役員のときの勝率は、阪神タイガースのバースの最高打率と同じなんですよね」と言われました。三割八分九厘（笑）。打率としてはすごいけど、勝率で四割切っていては棋士としてはちょっとお話になりません。

山中　それだけ役員のときは勉強する時間がなかった。

谷川　はい。じつは先日、現役棋士の中で私が序列の二番目になっていることに気づいて戸惑いました。棋士の序列はまずタイトルホルダーが一番で、その次が永世称号者になります。永世称号者の中では私が十七世名人を名乗っているので、羽生さんたちより序列が上になります。タイトル保持者はいま、藤井さん一人ですから、私は二番目になるんです。

日本将棋連盟のウェブサイトに棋士の成績欄があって、最初に名前がある藤井さんが勝率八割以上で、次の私が勝率三割では格好が悪い。ここのところは五割くらいは勝っているのでそれほど気にする必要はありませんが、これからも、常にそのプレッシャーがあります。これはいい加減な将棋は指せないなということをあらためて感じています。

山中　歳を取ると、性格が丸くなるとか落ち着いてくるとよく言われますが、勝負の世界にいると、そうも言ってられませんね。

谷川　ええ。私自身、あまり丸くなったという感じはありませんね。負ければやっぱりすごく悔しいし、負けたくない、強くなりたいという気持ちでいられることは大事だと思います。実力の世界ですから、歳を取ることは、それだけ対戦相手に軽く見られることになります。それとも戦っていかなければいけないという厳しさはあります。

でも一方で周囲の期待値が低くなったというか、活躍の設定が低くなったというか、わかりやすく言うと、ちょっと勝ったらすごく褒められる（笑）。十代、二十代のころは、七割勝つのが当たり前と思われていました。タイトルも持っているのが当然でした。最近だと勝ち越していると、すごく活躍しているように受け止められて（笑）、それは喜ぶべきことなのかどうかわかりませんけど。

山中　歳を重ねるにつれて、対局への向き合い方に変化はありましたか。

谷川　そうですね。いまのほうが一局一局に対する思いが強くなっているかもしれません。年間の対局数が若いときと比べて半分くらいに減っていることもありますし、あと何年対局できるかということもあります。この相手と次に対局をする機会があるかどうかということは特に思うようになりました。

山中　一期一会。

谷川　はい。それは対局においてもそうで、この局面はもう二度と現れないかもしれないという意味で、まさに一期一会だと思います。

山中　戦い方も変わってきましたか。

谷川　将棋の近年の変化、特にＡＩによって、この数年間、将棋の戦術が劇的に変わって、なおかつ進化してきています。それは私自身もとても興味があることです。現役を引退していたら、さすがにもうＡＩと向き合おうという気持ちになれなかったと思うので、それは恵まれていると思いたいですね。研究の方法も昭和、平成、令和で環境が変わってきているので、その時代に合わせた研究をしていかなければいけません。

トップ棋士が考えていることのすべては理解できなくても、できるだけ理解をして、たとえば解説者という立場で、ファンの方にできるだけわかりやすくお伝えしたい。そういう立場でもあると思います。現役を引退してしまうと、そこにはなかなか真剣に取り組めないと思います。

十歳以上年下の上司

谷川 日本はこれから高齢化が急速に進みます。山中さんはアメリカに留学されて、いまも月に一回、アメリカの研究所に通われています。日本とアメリカでは高齢者の意識や役割に違いを感じられますか。

山中 日本は年上がいたら年上を敬うことが求められて、対等の関係ではなくなりますよね。でもアメリカは面白くて、全然そういう関係性はありません。そもそもアメリカで年齢はあまり語られません。日本では六十歳とか六十五歳で「定年退職」と言われますが、そういう概念がもともとありませんから、アメリカの僕の研究所のディレクターは、僕より十歳以上年下です。本当に元気なにいちゃんなんです。

谷川 研究所のディレクターというのは、山中さんの上司に当たるんでしょうか。

山中 そうです。僕はアメリカの研究所の一研究員で、研究所にはディレクターの上もいます。その年下のディレクターとの面談では「シンヤ、最近どう?」「いろいろ苦労しているよ」「ラボをときどき見に行って、研究員にちゃんと声を掛けているかい」「いや、ちょっと最近サボっているね」、まぁそんな感じです。

谷川　査定されている。

山中　はい。この会話は日本ではあり得ないでしょう。

谷川　確かに。「年齢は関係がない」とおっしゃいましたけれども、なんとなくアメリカでは「若さは価値」というイメージがあります。

山中　確かにそれはありますね。でも、そうやってフランクに話せるというのは非常にありがたい。

谷川　年長者を敬う文化はアメリカにもあるんでしょうか。

山中　それはすごくあります。日本は敬っているのではなくて、敬っているふりをしているほうが多いんじゃないですか。「年上だから、とりあえず先生と呼んでおこう」と。アメリカは「年上だから敬語を使う」といった文化はありませんけれども、「この方はすごく貢献した人だから敬意を表する」という文化はあります。その二つは別になっていますね。仕事上の上司・部下の関係と、年上でいままでやってきたことに対する敬意とは別々です。日本ではそれが一緒になっていて、敬意が形式っぽくなっているようなところがあると感じますね。

谷川　日本では年齢に伴う地位が単に役割ではなく、権威のようになってしまう。

山中　ええ。アメリカでは僕より年下のディレクターからいろいろ指導も受けています。そのことと年上に対するリスペクトは別の問題なんです。日本で年上というだけで敬うことが求められるのは、儒教の影響なんでしょうか。

谷川　「長幼の序」みたいなことですかね。

山中　日本は「年寄りは敬うべきだ」。アメリカは「年寄りは敬うべきだが、仕事においては能力があれば敬われる」。そもそも仕事では履歴書に年齢も書きませんし、面接でも聞いてはいけません。日本は絶対、履歴書に年齢を書きますよね。それによって判断もします。「彼は何歳だから、こちらの部署のほうがいい」と。アメリカはそれがないですね。そういうところはアメリカのほうが理にかなっているような気がします。

谷川　アメリカでのご自身の立場と日本での立場のギャップというか違いを楽しんでいらっしゃるという感じでしょうか。

山中　そうですね。「楽しむ」というのが本当にぴったりの表現です。アメリカのほうが良くて、日本のほうが悪いなんてまったく思いません。それは本当に二つの国の文化の違いです。日本もいいところがいっぱいありますから。

セカンドライフを楽しむアメリカ人

谷川　日本人の「老人を敬っているふり」と関係があるのかどうか、最近、「老害」という言葉をよく耳にします。たとえば、会社の中で実力もないのに、ただ歳を取っているだけで幅を利かせて周りに迷惑をかけている人ですね。アメリカにも「老害」のような言葉はあるんでしょうか。

山中　うーん、どうなんですかね。アメリカでは多くの人は、もうリタイアできるなら、早くリタイアしようという気持ちがありますから。

谷川　老後の生活を早々と楽しもうということですか。

山中　仕事にしがみつくというスタイルはあまりないですね。早くにリタイアする。フロリダやハワイにはそういうリタイアした人のコミュニティーがいっぱいあります。たとえば、大統領のバイデンもトランプも確かに高齢ですけど、全体で見ると欧米の政治家のほうが、日本に比べて若くして活躍している印象が強いですよね。女性の活躍も圧倒的にアメリカのほうが多いです。

だからアメリカで「老害」というのはあまり聞かないし、そんなに感じたことはありません。日本では年寄りがライバルみたいな感じでしょう。そもそもアメリカでも、僕が老害にならないよう「いつが潮時かな」と思っています。

谷川　みなさん、セカンドライフを楽しんでいる。

山中　ええ。セカンドライフを楽しむために、ファーストライフを頑張るという文化ですよね。日本の場合、セカンドライフはよくわからないけど、とりあえずファーストライフを頑張る。できたらファーストライフをどこまでもやる、みたいなところはありますよね。そこはちょっと人生観の違いがあるような気がします。

谷川　日本では長幼の序の一方で、「高齢者ヘイト」の風潮もあるように思います。

山中　先ほどの老害ではありませんが、老人が若者の邪魔をしているみたいな感じに取られているかもしれません。

谷川　なんとなくありますよね。

山中　研究者なんてポストが限られているので、僕たちが教授である限り、若い研究者は教授になれないという状況が確かにありますね。

谷川　山中さんが若いころに、上のほうに年長者が溜まっている感じはありましたか。

山中　一般的にはあるでしょうね。でも僕が留学先のアメリカから帰ってきたときは、上にいた先生はキャリアを変えて製薬会社に転職しました。僕の先輩は次に譲ろうという気持ちがあって、ポストにしがみつくということはなかったですね。

実力があれば、そのポストにとどまるのはいいと思うんですけど、日本はいったん偉くなってしまうと、いつまでも偉いというようなところがあります。会社にもそういうところがありますよね。経験や年齢が先に立ってしまって、実力があってもなくても、「自分は昔、偉かったんだから、黙って言うことをきけ」的になってしまう。これだと、出る杭が出られなくなってしまいます。その点、将棋の世界はすごくシビアですね。

谷川　なんと言っても、二十一歳が八冠の世界ですから。

ノーベル賞受賞者も特別扱いされない

山中　研究の分野ではアメリカはそういう感じになっていますが、逆にいうと、アメリカでは高齢者にとっても、けっこう競争が激しい世界ですよ。

谷川　それはそれで厳しい社会ですか。

山中　厳しいです。だから僕もアメリカで研究費を取ることにすごく苦労をしています。

谷川　そうなんですか。アメリカの研究所からすると大歓迎で、「来てくれてありがとう」という立場かと思っていました。

山中 いえいえ、むしろ不利というか。「あなたは日本でたくさん研究費を持っているだろう」という扱いなので、かなりのハンディキャップがあるように感じます。

谷川 それは一長一短ですね。

山中 はい。でもそれはそれで、逆にありがたいことですよ。年齢も地位も経験も関係なく、同じ土俵でいつまでも正々堂々と戦うことができるわけですから。ある意味、楽しんでいます。なんせ年下のディレクターから教育指導を受けていますから（笑）。楽しむという余裕もあまりないんですけど。

谷川 日本とはまったく切り離されていて、京大やサイラの看板を背負って行かれているわけではないんですね。

山中 アメリカで京大やサイラと言っても、「うちはハーバードしか知らん。出直してこい！」みたいな感じですよ。だって東大も京大も世界から見れば、〝そこそこ大学〟ですから。北京大学やシンガポール国立大学のほうがよっぽど上ですよ。

二十年前は東大や京大も頑張っていたかもしれませんが、残念ながら、いまやもうアジアの中でも影が薄い。日本にずっといると、「東大に入った」「京大に入った」で満足してしまいますけれども、世界に出るとまったく違います。それをまず自覚することから始めないとダメですね。

谷川　ノーベル賞受賞者でも特別扱いされることはないですか。

山中　全然されません。アメリカではよく「He is a Nobel laureate」ではなくて、「He was a Nobel laureate」、つまり「彼はノーベル賞受賞者です」ではなく「ノーベル賞受賞者だった」と言います。「昔は活躍した」という扱いです。それを九十歳ぐらいで言われるならまだしも、まだまだ現役のときに言われるわけです。「僕はいつまでここにいていいのかな」と思いながらやっています。

谷川　過去に実績を上げても、常にいまの実力と成果が問われるわけですか。

山中　そうですね。何の賞を受賞したとかは関係ありません。「いま、何歳か」とか「過去にこれだけすごかった」ではなく、「いまどうなのか」が問われます。それは本当に将棋の世界と同じだと思いますね。

谷川　実力の世界。

山中　はい。超一流企業の社長であったとしても、「最近、ちゃんと儲けているのか」が問われるわけです。「いまの技術についていっているのか」とか「チャットGPTについてわかっているのか」と。

谷川　確かに厳しいですね。

山中　ある意味、めちゃくちゃ厳しいですよ。でも繰り返すと、そのことと「あの人は昔、頑張って、こういう貢献した人だ」というリスペクトとは別問題なので、それは一緒にはされていないんですね。「彼はいまはもう現役ではないけれども、昔はすごく頑張った人で、だからあの人のおかげでいまがあるんだ」と、そういうリスペクトはすごくありますよ。

谷川　そこは健全ですね。

山中　だと思います。

退職後の三十年の生き方

谷川　老いの処し方というのは、なかなか難しいですね。きちんと自覚的にできればいいんですけれど。

山中　先日、アメリカで八十五、六歳の研究者と話しましたけれど、彼は「僕たちはラッキーだよね。こうやって研究で世の中に貢献できる仕事をいつまでもできるというのは、本当に恵まれている」としきりにおっしゃっていました。「今日はいい話を聞いたな」と思いました。

谷川　一般の方々は定年退職すると、働きたくてもなかなか難しいと思います。そうするとセカンドライフ、後半の人生をどうするかが課題になります。

山中　そこはもうかなり昔とは変わってきていますね。以前は引退したら、あと十年ぐらいでもうお迎えが来るのが普通でしたけれど、いまは引退してからが長い。

谷川　そうですね。少し前まで六十といったら、もう引退の年だったのに、この二十～三十年で、がらりと変わりました。そうすると、あと二十～三十年もすると、百歳まで生きるのは珍しくなくて、八十歳でも現役で働いているのが普通になるかもしれませんね。

山中　六十歳だったら、あと二十五年から三十年は大丈夫でしょう。平均寿命というのは、あとどれくらい生きられるかの期待値で、ゼロ歳児の平均余命のことです。死亡率の高い、生まれてすぐのデータを入れての数字です。だからいま、六十歳なら平均余命は平均寿命マイナス六十ではありません。それだったら男性の場合、二十年くらいしかないことになります。実際は、六十歳の平均余命は男性でだいたい二十五年、女性で三十年ぐらいはあると思います。

谷川　その二十五年から三十年に何をするかですね。将棋の棋士のありがたいところは、現役でわりあい長く戦えること、それから現役を引退しても、それなりの立場であれば将棋と関わった仕事ができることです。一般のサラリーマンの方だと六十歳や六十五歳で定年退職し、突然生活を変えなければいけません。そこで頭と体を動かさなくなるケースがけっこう多いのではないでしょうか。

山中　そういう意味で研究者は、特にアメリカには定年という概念がないので、研究で成果を上げている間は、ずっと研究ができます。自分で研究費を稼いでいる間は何歳でもやれますけれども、逆に研究費を稼げなくなったら、もう金の切れ目が縁の切れ目です(笑)。ノーベル賞をもらっていても全然関係ありません。

上り坂だけの人生なんてない

谷川　山中さんは、いまは研究者として生涯現役を目指していらっしゃいますけども、もし研究者でなければ、人生百年時代にセカンドライフをどんなふうに過ごされますか。「マラソンランナーは後半戦がきつい」と言われましたけれど。

山中　何をするかな。まじめに医者をやっているかもしれないですね。

谷川　一般の会社員の方々は、おそらくそれを迫られているんじゃないでしょうか。退職後の二十年、三十年をどう生きるのか。

山中　僕の家内は臨床医で、祖母から父親へと受け継がれたクリニックを、家内が受け継いだので三代目なんです。祖父じゃなくて祖母が始めました。家内を見ていると、本当に生涯現役じゃないですか。自分のペースで続けていて、いまは僕よりよっぽど忙しそうです。そういう意味では手に職をつけるというのは大切ですよね。

谷川　お医者さんは確かにずっとできますものね。

山中　たとえ戦争になっても大切な仕事ですから。

谷川　私たち棋士は現役を引退しても、年齢にあまり関係なく解説や立ち会い、原稿執筆といった仕事で社会とつながっています。少しずつ仕事の量を減らしていくことも可能なので、それは恵まれているかなとは思います。

　私の場合は、詰将棋作家という選択肢もあります。棋士とあまり変わらないんですけど。あるいは、おかげさまで人前で話をする機会をときどきいただいています。この間（二〇二四年一月）は神戸市の「こども本の森」で、子どもたちと保護者の方の前でお話をしました。山中さんは大阪の「こども本の森」の名誉館長をされているんですね。

山中　はい。何もしていない名誉館長で申し訳なく思っています（笑）。

谷川　それは安藤忠雄先生とのご関係で。

山中　そうなんです。

谷川　私も安藤先生から直々に、「子どもたちの前で話してほしい」という電話がかかってきたんです。「こども本の森」は安藤先生が「子どもにもっと本と触れ合ってほしい」という思いで私費を投じて設計も建設もして、神戸と大阪、岩手県の遠野《とおの》にもできていますね。

山中　いま、全国ですごい勢いで増やしておられます。二〇二四年四月に熊本にもできました。名誉館長は宮崎美子さん。

谷川　神戸の名誉館長は竹下景子さんですね。安藤先生は震災の被災地のことを非常に考えていらっしゃる。

山中　本当にそうですね。すごいですよ。がんで五つも内臓を摘出されています。

谷川　闘病生活をしながら。不屈の闘志ですね。いくつになっても、病気になっても、社会とつながっているということは、とても大事なことだと思います。

山中　僕たちも、もう少し頑張らないといけませんね。ただ、いろいろな面で体がずいぶん変化していっていることを、六十歳のときはあまり感じなかったんですけど、六十一歳になるとすごく感じました。でもそれに抗って、どこまで行けるか。いままでずっと上ってきましたが、坂道はどこかで必ず下らないとダメですね。上るだけの人生なんてあり得ませんから。

ときどき、朝にテレビで見るんですが、俳優の火野正平さんが自転車で日本中を旅する長寿番組があるんです（ＮＨＫ「にっぽん縦断　こころ旅」）。自転車の旅だから上り坂がけっこうしんどいんですけど、番組には「人生下り坂を楽しもう」というモットーがあって、「ああ、そうだな」と、そのちょっとした言葉にすごく勇気づけられます。

いままで上ってきたけれど、もし下りになったら、それはそれで別の楽しみ方がきっとあるだろうなと思います。人生必ずどこかで下りも楽しまないとダメなんですけど、いまはまだ上っているのか、もう頂上に着いたのか、下るべきか、まだもう一つ坂があるのか。それを確かめるために頑張っているみたいに感じます。

第七章　次の世代に何を伝えますか

百年をつなぐ

谷川　山中さんは囲碁をされるんですね。

山中　ええ、数年前からオンライン囲碁をちょっと。対戦のたびに級が上がって、すぐに三級になったので、もうすぐ初段だと思ったら、そこから三年くらい上がらないんですよ。初段ぐらいすぐなれるだろうと思って始めたんですけれど。

谷川　将棋にもオンラインがありますけれど、あれは段級の評価が厳しいんですよ。三級ぐらいでもじつは初段ぐらいの実力という感じがしますね。

山中　多分、僕の敗因の一つは酔っ払ってやるからですね（笑）。そのときに連戦連敗を繰り返してしまう。あれをやめたら二級ぐらいにはなれるんじゃないかなと思うんですけれど。

谷川　対戦相手も酔っ払っていればいいんですけれど（笑）、ちょっとそれはわからないですからね。

山中　じつは囲碁の井山裕太さんと対談をしたときは、対局までさせていただきました。

谷川　それはすごい。確か地元が同じでいらっしゃる。

山中　そうなんです、東大阪です。なんせ碁石を七つも置かせていただきました。いい勝負のところでやめましたけれど、あともう少し続けていたら大変な目に遭っていたと思います（笑）。

谷川　じつは二〇二四年はちょうど日本将棋連盟の創立百周年に当たるんです。「百年をつなぐ」という言葉があって、これはもともと囲碁の世界でよく言われている言葉です。

山中　そうなんですか。

谷川　芸事は伝統を引き継いでいきます。特に囲碁や将棋などは現役で戦える年数が長いものですから、芸を通じて五十年先輩の棋士と盤を挟むこともあれば、五十年後輩の棋士と戦うこともあります。合わせて百年をつないで、その伝統を長く引き継いでいくという意味なんです。将棋界で最も歳が離れた公式戦の対局は藤井八冠のデビュー戦で、お相手は加藤一二三先生でした。

山中　ああ、そうでしたね。それは僕も覚えています。

谷川　藤井さんは十四歳で、加藤先生は七十六歳。六十二歳の年齢差です。加藤先生は順位戦のクラスが落ちていっても最後まで指し続けられ、そのことによって最後に藤井さんと盤を挟むことができました。加藤先生は後輩と五十年ではなくて、六十二年をつなげたことになります。

山中　六十二歳も離れていると、孫と対戦しているみたいな感じですね。

谷川　そんな感じですね。ですから藤井さんがこれから長く現役を続けて三十八歳下の後輩と対局すれば、ちょうど「百年をつなぐ」ということになります。囲碁の世界にはもっとすごい例がありまして、杉内寿子《かずこ》先生は一九二七年三月生まれでいらっしゃるんですけれども、二〇二三年四月には七十七歳離れた十九歳の棋士に勝って女性棋士の最年長勝利記録を更新しました（編集部注：棋士全体の最年長勝利記録は、一七年に亡くなった夫の雅男九段の持つ九十六歳十ヵ月）。寿子先生は二四年も現役続行中で、すでに雅男先生の持つ九十七歳零ヵ月という最年長対局記録を更新していますから、これから棋士の最年長勝利記録を更新する可能性も十分です。

山中　すごいなぁ。そうなったら、もう相手は曽孫《ひまご》ですね。

谷川　じつは私自身も順位戦で二年目に、C級2組で明治生まれの坂口允彦《のぶひこ》先生と対局したことがあります。五十四歳の年齢差がありました。それはいまでも覚えています。坂口先生は七十六歳まで現役でいらっしゃって、当時の最年長記録でした。

羽生さんは順位戦C級2組のときに対局した小堀清一先生の話をよくされますね。明治最後の年の生まれで、羽生さんとは五十八歳の年齢差でした。小堀先生は感想戦がとても長い方で、朝まで感想戦をされて、さすがに羽生さんも眠くなって……という話を羽生さんが何度もされます。それほど印象に残っている出来事だったんでしょうね。とんでもない世界に入ってきたと思ったのか。でもこれくらい情熱を持ち続けることが大事だと思われたんでしょうね。

山中　そうでしょうねぇ。

自分が実験台になって示したい

谷川　最近、読んだ『なぜヒトだけが老いるのか』（講談社現代新書）という本によると、人間以外のほとんどの生物には「老後」という期間がないそうです。著者の小林武彦さんは、老後を担う年長者が自分たちの知識や技術や経験を次世代に継承してきたからこそ人間の寿命が延び、文明社会が築かれたと書いています。

山中　なるほど。面白いですね。

谷川　だから私たちシニア世代の役割は「百年をつなぐ」ことではないかと思うんです。それで、二〇二二年に八十七歳で亡くなられた有吉道夫九段のお話をご紹介したいと思います。

有吉先生は大山康晴先生のお弟子さんで、大山―有吉戦という師弟のタイトル戦は史上、この一組だけです。七十四歳まで現役で戦われました。二〇〇〇年、有吉先生が六十五歳のときに、大阪の将棋会館で対局があって、その対局後、下のレストランで記者の方を含めて何人かでお酒を飲みながら夕食をご一緒する機会があったんです。

そのときに、どういう流れでそういう話になったのか憶えていないんですけれども、有吉先生が「この年齢になって、自分にできることと、できなくなることがある。それを自分が実験台になって示したい。自分はこれからもずっと現役を続けていく」という話をされました。

当時、私は四十前でした。若いときは、自分がこれまでできていたことができなくなる姿は人に見せたくないという気持ちが強いと思うんです。でも有吉先生が、その年齢になって「自分が実験台になって示したい」とおっしゃったのは、いまでもとてもよく覚えていますね。

山中　老いや衰える姿は、やっぱり恥ずかしいので人に見せたくないというのが普通でしょうね。

谷川　そうだと思います。実際、有吉先生はその後、順位戦のクラスを落ちていくんですけども、正々堂々と最後まで戦われました。順位戦のC級2組でも、いま三十代半ばでトップ棋士として活躍している若手棋士と対局して勝っています。私がよく覚えているのは、C級2組の最終局で有吉先生が負けると降級で引退、対戦相手の髙﨑一生四段（当時）は勝つと昇級という対戦です。そこで有吉先生は見事に勝って、相手の昇級を阻止したことがあったんです。

盤上で相手にメッセージを伝える

山中　そのとき、有吉先生はおいくつだったんですか。

谷川　二〇〇九年三月ですから七十三歳です。相手の髙﨑さんは二十二歳。年齢差が五十歳以上ある対戦もなかなかありませんし、それで年長者のほうが勝つというのも本当に珍しい。そのときの様子はＮＨＫでもかなり大きく報道されました。

　有吉先生は七十代になってからも、関西将棋会館の棋士室で若手相手と研究会の将棋をよく指されていて、それは私だけではなく、関西の棋士はずっと見ているんです。引退が決まってからも、ＮＨＫ杯の予選で勝ち抜いて本戦に出られたこともありました。ＮＨＫ

杯はシードの棋士と予選から勝ち上がっていく棋士がいて、予選は一日に三局ほど指さなければいけません。歳を取ると一日に何局も指すのはきついんですよ。それを三勝されました。七十四歳で予選を三局勝ち抜いて、テレビに最後の雄姿を見せました。

山中　「自分が実験台になって示したい」という言葉をそのまま実践された。

谷川　はい。いくつになっても情熱と向上心を持って臨むことがこの世界は大事なんだということを、自らの生き方で後輩たちに示されたということだと思います。棋風は「火の玉流」と言われて、対局中は本当に怖かったです。闘志満々で顔を真っ赤にして、脇息《きょうそく》を前に持っていき、前傾姿勢で相手をにらみつけるようにして。でも対局が終わった後にお酒を飲むと、温和でにこやかな方でした。

最近、ある観戦記者の方から聞いた話ですが、有吉先生が引退前後の時期に兵庫県の加古川で開かれた竜王戦の立会人を務められたときのことです。夜になって、有吉先生は東京から呼ばれていた四段になったばかりの永瀬拓矢さんをつかまえて「将棋を指そう」と。永瀬さんが何局か勝ち続け、最後に有吉先生が一局勝ってお開きになったそうです。

山中　本当に将棋がお好きな方だったんですね。そこまで情熱を持ち続けるというのは素晴らしい。

谷川　そう思います。「実験台」という言葉がとても強烈だったので、私は特に覚えています。ご自身でなければ、そういう言葉は口にできません。たとえば、有吉先生なら有吉先生が六十代からどういうふうな戦い方をされたかは、対局によって盤上で相手にメッセージを伝えることもできるし、当然、残された棋譜からも後輩たちは多くのことを学べます。

有吉先生はC級2組に落ちてからも孫のような年齢の若手を相手に粘り続け、引退決定後も棋戦で勝ち残って、かなりの間、現役を続けました。棋士の場合、現役で戦えるのが四十年ぐらい、長い人だと五十年ほどになります。全盛期が過ぎてからでも十年、二十年はあります。その間、どんどん落ちていく一方ではなく、成績が下がってもまた持ち直し、また落ちて、を繰り返し、最後には現役で戦えなくなるわけです。そういう姿を含めて、いろいろなメッセージを後輩たちに伝えたのではないかと思います。

「守破離」の教えが示すもの

谷川　お年寄りがよく「自分たちの時代はよかった」などと言うと、だいたい若い人に嫌われますよね。でも「自分たちの時代はこうだった」ということは伝えていったほうがいいと私は思います。伝えて、それを後輩たちがどういうふうに判断するかはそれぞれですが、やはり先を行く者は伝える義務があるのではないでしょうか。

山中　それは本当にそうですね。

谷川　私は最近、色紙によく「守破離」という言葉を書くんです。守る、破る、離れる。

山中　茶道とか武道でよく言われますね。

谷川　はい。武道や芸事を習得するプロセスを表した言葉です。基本をまず守って、それを打ち破って、最後に離れて自分だけの世界を築き上げる。将棋の世界もいまプロ、特にトップ棋士は最後の「離」、離れたところで戦っています。

たとえば、昔から言い伝えられている将棋の格言に「居玉は避けよ」というものがあります。「玉は最初に居る位置ではなくて、しっかり玉を囲いましょう」という教えです。でもいまはトップ棋士の対局でも、居玉か玉を一つ動かしただけでも激戦になることもあります。

「攻めは飛車角銀桂。玉の守りが金銀三枚」という格言もあります。「攻め駒は飛車角銀桂で、残りの金銀三枚で玉を囲いましょう」ということです。でもいまは、すべての駒が攻め駒になって、すべての駒が守り駒になります。戦い方が以前とはまったく変わってきているんですね。基本から離れた「離」の世界です。

山中　なるほど。藤井さんと対談したとき、ＡＩの進化によって、これまでの常識が絶対ではなかったことがわかってきたということを伺いました。ＡＩは居玉でもいい形をひねり出してきたりして、定跡とされていた指し方が覆されている、と。人間はどうしてもパターンで考えてしまう傾向がありますからね。

谷川　そうですね。いまはプロの対局が毎日のように中継されて、ＡＩの評価をみることができるので、将棋がさほど強くない人もプロの指し手の真似をすることは簡単なんです。でもそういう人たちは「守る」と「破る」の段階を経ていないわけです。いきなり「離れる」ところで真似をしても空中分解してしまうだけです。まず「基本を守る」ところからスタートする、そして基礎をしっかり学んだうえで、初めてその次の「破る」という段階に進むわけです。

歴史を継承し伝えていく義務

山中　基本をまず勉強しておかないといけないということですね。

谷川　はい。確かに戦い方は以前とはまったく変わりました。ただ、私たちが考えてきたことがいまも正しいところはけっこうあるので、完全に否定されたわけではありません。「昔の将棋はレベルが低いから勉強しても仕方ない」という見方もあるかもしれません。でも先人たちが築き上げてきた定跡、当時の常識を踏まえていまがあるということを伝えていく、その中で変化や進化の過程を継承していくことが必要です。私たち年長世代は、そういう立場なんだろうなと思います。

山中　それはとてもよくわかるお話ですね。自分の経験に引き付けてお話しすると、iPS細胞の発見も先人の研究のおかげなんです。イギリスのジョン・ガードン先生が一九六二年に核移植という技術を使って、オタマジャクシの腸の細胞から新しいオタマジャクシをつくりだして大人のカエルにまで成長させられることを証明されたんですね。

当時は遺伝子の正体がまだはっきりわかっていない時代で、それまで遺伝子のセットを全部持っているのは、次の世代に情報を伝える生殖細胞、つまり精子と卵子だけだろうと信じられていました。それをガードン先生が「クローンカエル」をつくって、すべての情報が大人の細胞に残っていることが証明されました。クローン技術を初めて哺乳類で成功させたのが、イギリスのイアン・ウィルムット先生です。一九九六年、「ドリー」というクローン羊を生み出しました。

谷川　「羊のドリー」は有名ですね。

山中　ええ。カエルだけではなくて、哺乳類も全遺伝子情報をちゃんと保持していることが証明されました。一九九八年にはアメリカのジェームズ・トムソン先生が、あらゆる組織や臓器の細胞に分化できる多能性を持つＥＳ細胞をヒトの受精卵から樹立しましたし、一九八〇年代には一つの遺伝子で皮膚の細胞を筋肉に変えるというハロルド・ワイントラウブ先生の仕事がありました。

同じ時期にはショウジョウバエの触覚に一個の遺伝子を入れるだけで、まったく違う脚とか目になるというワルター・ゲーリング先生の仕事がありました。ｉＰＳ細胞に取り組むきっかけになったのも、ガードン先生やウィルムット先生、先人たちのお仕事があってこそなんです。ガードン先生の研究から五十年経って、先生と共同で僕もノーベル賞を受賞させてもらいました。

昔といまの研究者はどちらが偉いか

谷川　将棋や科学の世界に限らず、さまざまな分野で世界の進化や変遷を、後進の人たちに語り継いでいかなければいけないと思います。

世の中はさまざまな分野で変化と進化が続いています。医療や情報通信、もちろんＡＩもそうですよね。たとえば、子どもが大人になる二十年間で、いまの世の中に対応するには、いろいろな知識を詰め込まなければいけません。小学校に英語やプログラミングの授業が入るなど、私たちの時代とは相当変わってきています。

でも人間は五十年前も百年前も、生まれたときの状況は同じです。一日は二十四時間だし、脳の容量も変わっていません。そうすると当然、それぞれの分野を浅く広く学んでいくことになります。ただ、若い世代が専門分野を志すときには、その世界を深く学んでいくことが必要になります。そのためには、進化と変遷の歴史を経ていまに至っているということを、先輩たちがきちんと後進に伝えていかなければいけないんじゃないでしょうか。

山中　そう思います。将棋連盟が創立百周年ということでしたけれども、偉大な先人たちの不断の努力があってこそ、いまの将棋界の発展なり人気なりがあるんでしょうね。

研究の歴史もそうです。その発展の軌跡をたどっていくと、昔の研究者といまの研究者と、どちらのほうがすごいのかなと思うことがよくあるんです。昔はほとんど測定の機器も技術もなかった時代に、「万有引力の法則」とか「メンデルの法則」を見つけているわけです。それは想像できないくらいすごいことだなと思うんです。ものすごく尊敬します。

いまのほうが技術的にも環境的にもはるかに進んでいるので、見つかる発見の数は非常に多いんですけれども、何百年も前に科学の歴史を根底から変えるような大発見をした研究者は、どんな頭脳をしていたんでしょうね。

谷川　確かに、どんな環境で育ち、どんな教育を受けていたんでしょう。

山中　僕はいつも同じような疑問を持つんですが、この昔の偉大な棋士と現代の棋士が対戦すると、やっぱり現代の棋士が強いんでしょうか。

谷川　それはもう圧倒的にいまの棋士のほうが強いでしょうね。強くなるための環境がまったく違いますので。たとえるなら、昔の棋士が一般道路をカーナビもなく走っていたような状況なら、いまはもう高速道路をカーナビ付きで走っているようなものです。ただ、どこかでいまの棋士たちも知らない道を走ることになります。知らない道を走ることに対応する力は、昔の棋士もいまの棋士もそれほど変わらないという感じはします。

山中　やっぱりそうですか。現代の棋士が歴史上、一番強いということですね。スポーツの世界は記録があるので結果が明らかです。マラソンや短距離走なんて基本的にルールは変わっていないけれども、記録は間違いなく、どんどん上がっていますね。スポーツは現在が史上最高でしょう。でも他の囲碁、将棋といった対戦ゲームや、音楽、文学といった芸能、芸術はどうなのかなと常日頃から疑問だったんです。現代の「史上最高」が過去の積み重ねの上にあるということは、どの世界でも言えることでしょうね。

谷川　そう思います。

精神面を伝える師匠の役割

山中　次の世代に残したいことがあるとすれば、僕たち研究者はやっぱり研究成果を残したいという思いはありますね。僕たちの成果に基づいて、次の人がまた踏み台にして、さらに発展するのが科学の原則なので。その踏み台になりたいという気持ちはすごくあります。

谷川　技術的なことで言えば、将棋は進化しているのでいまの棋士のほうが当然強いんですけれども、私も「いまの時代があるのはこういう積み重ねがあった」ということは、あまり押し付けがましくなく、後輩に伝えていきたいという思いはあります。前にもお話ししたように、「昔はよかった」という言い方ではなく、「昔はこうだった」という言い方ですね。

山中　「昔はよかった」と「いまの若者は」という言葉は三千年も前から言われているといいますからね。歴史を継承するという意味では、将棋も囲碁も師匠がずっといますよね。

谷川　はい。プロの棋士になるためには、日本将棋連盟の奨励会に入らなければいけないんですが、入会するには師匠が必要ですから。ただ、将棋の師弟関係は技術の継承はあまりしません。華道や茶道には流派があって、それを受け継ぐというイメージがありますが、将棋は師弟関係で棋風が似るわけではありません。

むしろ一緒に強くなっていくという感じです。奨励会に入る段階では、ある程度個性ができているので、あまり師匠の考えを押し付けると、弟子の良さを消してしまうことになりかねません。もちろん、「こんな考え方もある」ということは伝えられますけれど、いくつかの選択肢の中から結論は本人が出すことになります。

山中　他のいろいろな世界の師弟関係とはかなり違うわけですか。

谷川　そうですね。技術的なことを教えるというよりも、精神的な面を伝えることが多いです。将棋に対する姿勢、臨み方、たとえば毎日の積み重ねが大事だということを教える

意味合いのほうが強いかなと思いますね。だから私も師匠から礼儀を重んじることや、姿勢を良くするようにとよく言われました

山中　ああ、それでですか。谷川さんはいつも姿勢が良くて、立ち居振る舞いがきれいですよね。

谷川　ありがとうございます。棋士の師弟関係は特殊かもしれませんね。たとえば、相撲界では現役を引退した親方が弟子を取りますけれども、将棋の場合は現役の棋士が弟子を取るので、師匠と弟子が公式戦で戦うこともあります。弟子が強くなって師匠に公式戦で勝つことを「恩返し」とも呼びますけれど、藤井さんと師匠の杉本さんの師弟対決は話題になりました。私も弟子と公式戦で戦ったことは一度あります。

山中　谷川さんも弟子を取られているわけですか。

谷川　はい。一人、都成竜馬《となりりゅうま》七段です。二〇〇〇年に小学五年生の彼を弟子として迎え入れて、一六年にプロ入りしました。プロ棋士を育てたということは、将棋界に対する責任を果たせたかなと思っています。彼も弟子をとって棋士を育てる気持ちがあるようなので、そんなふうにして将棋の歴史がつながっていくように感じています。

第八章　どんな死を迎えますか

いまなら父を治せたのではないか

谷川　山中さんがずっとランニングをされるのは、研究生活を続けていくための体力づくりという面もあるのでしょうか。

山中　それも多少あるかもしれませんが、健康を維持したいという気持ちが非常に強いですね。というのも、僕は父親を五十八歳という若さで亡くしているんですよ。

谷川　そうなんですね。

山中　父は東大阪でミシンの部品工場を営んでいました。もともと糖尿病を患っていたんですけども、僕が中学生のとき、ヤスリで削っていた金属片が飛んで脚の脛《すね》の骨髄まで食い込み骨髄炎になってしまい、その金属片を取るために五時間くらいかかる手術をしたんです。そのときの大量輸血が原因で肝炎になり、その後、肝硬変になったんです。体調がどんどん悪くなっていって、僕が大学を卒業した翌年の一九八八年に亡くなりました。

もともと技術者で職人の父親の背中を見て育った僕が医者になろうと思ったのは、父親から「お前は商売には向かん。理科と算数ができるなら医者になれ」と言われてきたからなんです。だから僕が最初、整形外科医になったときはとても喜んでくれました。

でも医師という職業に就きながら、自分の父親さえ救えなかったことで、僕はすっかり自信を失って。整形外科医としては治療の手立てがない重症の患者さんをどうにもできないし、「基礎研究をしたら重症の患者さんでも救える治療につながるかもしれない」と、大学院に入り研究者の道に進んだんです。

谷川　それがいまの山中さんにつながるわけですね。

山中　はい。父親が亡くなったのはC型肝炎ウイルスの感染による肝硬変のせいですが、当時はまだ未知のウイルスで、治療法もまったくありませんでした。父が死んだ翌年にウイルスが見つかって、特効薬ができたのは、それから二十五年後の二〇一四年です。いまなら父親を治せたんじゃないかな、治せないにしてもあんなに早く亡くならなかったんじゃないかと思います。肝臓と糖尿病以外は非常に元気だったので、ひょっとしたら、いまも九十代半ばで生きていたかもしれません。

じつは祖父も糖尿病だったんですよ。僕が生まれる前に四十代で亡くなってしまいました。だから糖尿病になりやすいという体質は僕にも間違いなく遺伝しているはずですから、僕自身も運動をしないと、すぐに太ってきます。マラソンを続けているのは、それもありますよ。

夢枕に立った父

谷川　私の母も七十歳からずっと糖尿病と付き合っていました。七十歳を過ぎてくも膜下出血を起こして、そこからは復帰できたんですけれども、糖尿病を抱えることになって、インシュリンの注射をずっと打っていました。いまは注射以外のいろいろな治療法があるようですけれども、やっぱり合併症が怖いですね。

山中　そうです。目も悪くなる、腎臓も悪くなる、神経も損なう恐ろしい病気です。父は九十キロ近くあった体重が、糖尿病が悪化し始めてからは四十キロ台に半減してしまいましたから。

谷川　母はその後も転んで入院して、少しずつ体力が落ちていきました。亡くなる前の一年ほどはずっと寝たきりの状態で、もう体が言うことをきかなくなっていましたけれど、頭はずっとしっかりしていました。だから周りに迷惑をかけているという思いもあって、最期は本人もつらかったんじゃないかなと思います。

山中　お母様は何歳で亡くなられたんですか。

谷川　八十四歳です。父は若いときに胸の病気を患って、でもその後はとても節制をしていたので、八十過ぎまでお寺の住職を務めあげました。本人はずっと元気な気持ちだったと思いますが、ただ傍から見ていると、ちょっと歩くのが遅くなったりということが少しずつ見られるようになりました。直接の死因は誤嚥性《ごえんせい》の肺炎でしたけれども、そのときも本人はちょっと病院に行って戻ってくるつもりだったと思います。若いときの病気で肺の機能が衰えていたので、そのまま入院して十日余りで亡くなりました。八十六歳でした。

山中　八十六歳ですか。

谷川　父親と母親の最期を看取ると、自分はどういう最期がいいのかなということを考えます。「ずっと元気で、最期はポックリすぐに亡くなるのが理想」とよく言われます。父親はどちらかと言うとそちらでした。ただ、それだと本人も周りも心の準備ができないところがありました。わずか十日余りでしたので。

また、母親のようだと周りは心の準備はある程度できていましたけれども、母親自身がちょっとつらかったんじゃないかなと思います。

私自身は、倒れて半年ぐらい病にふせって、その中で本人も周囲も気持ちの整理がついて、すーっと亡くなっていく――というのがいいのかなと思っています。半年が適切なのか一ヵ月が適切なのかはわかりませんけれども、最近そう思うようになってきました。

山中　じつは僕の母が亡くなったのも、谷川さんのお父様と同じで八十六歳でした。父が早くいなくなり、母が一人で工場を経営して、医師の卵だった僕や、子育てをしながら教師をしていた姉を支えてくれました。僕は父のような、治療法のない病気を治したいと思って研究者になって、三年半くらいアメリカで研究しました。帰国して日本の大学で研究生活を始めたんですけれども、思うようにいかなくて、相当精神的に追い詰められたんです。もう研究はあきらめて臨床医に戻ろうと民間病院の整形外科医に就職しようとしたとき、母から突然、電話がかかってきて、「昨日、お父ちゃんが夢枕に立って、伸弥に『もう一度考え直すように』と言っていた」と言うんです。

　夢枕とかそんな非科学的なことを言われても、と思ったんですが、少し決心が揺らいだところに、ほかの大学で自分の研究室を持てることになりました。それで研究を始めてから五年くらいでｉＰＳ細胞ができたんです。あのとき、父と母が僕を導いてくれた、助けてくれたんだなといまでも感謝しています。

谷川　ご両親がそういう形で支えてくれたんですね。私は父が八十六歳、母が八十四歳とわりあい長生きできたので、私自身は両親よりも少しでも長生きをしたいなという思いがあります。それが一つの親孝行かなという気はしています。あの世へ行って両親に会ったときに、「おかげさまで、お父さん、お母さんより長生きできました」「よかったね」というのがいいかなと思っています。

山中　両親よりも長生きする、その思いは絶対ありますね。

平尾誠二はいかにすごかったか

山中　そのためにも健康維持には気をつけたいですね。というのも、この数年間で、僕の同級生の友達が三人続けて亡くなってしまったんですよ。新型コロナウイルス感染症で一人亡くなり、次は走っているときの突然死でした。もう一人は、ＡＬＳ（筋萎縮性側索硬化症）で亡くなりました。同級生の男性八十人のうち仲がいいのは二十〜三十人です。そのうち三人が数年の間にバタバタと逝ってしまった。だからもう「明日があるかどうかなんてわからない。いつ死ぬかもわからない。とりあえず今できることを今しよう」と思っています。

お話ししたＮＡＴ１の研究はまさにそれです。サイラの所長をやっていたときは「十年後もあるだろう」「二十年後もあるだろう」と思っていたんです。だから「五年〜十年は所長をやって、その後またきっと研究ができるだろう」と信じていました。でもこの数年の経験で、五年後があるかどうかなんてわからない、あったらそれはラッキーなんだと思うようになりました。

谷川　それでサイラの所長を辞められた。

山中　はい。それと「もう僕はそろそろ老害になっているんじゃないかな」という思いと、二つの理由からですね。元気だったのに、みんなバタバタバタバタと逝ってしまった。最初はラグビーの平尾誠二さんでした。平尾さんもまさにそうですよね。あんなに元気だったのに。

谷川　ドラマを拝見しました（「友情――平尾誠二と山中伸弥『最後の一年』」。テレビ朝日系列で二〇二三年十一月十一日放送）。平尾さんを演じた本木雅弘さんがとてもご本人に似ていらっしゃって驚きました。

山中　似ていましたね。僕の役を演じた滝藤賢一さんは、普段は全然違う方なんです。だから最初はびっくりしたんですけど、本当に僕のことを研究していただいて、友達が見ていても「途中からちょっと重なってきた」と言われました。

谷川　山中さんはこうしてお話ししていても快活で精悍な感じなんですが、ドラマの中の山中さんは、なんとなく不安げな感じがしました。でもよく考えてみたら、平尾さんの病気を治したいと思いながらもなかなか難しい、そのつらさをああした形で表現されていたのかなと思ったりもしました。

山中　平尾さんは一九六三年生まれですから、僕たちと同年代なんです。これから指導者として日本ラグビー協会を引っ張っていくというときに、五十二歳で胆管がんが見つかって余命三ヵ月を宣告されるんです。でも結局、十三ヵ月頑張って、五十三歳で亡くなりました。

谷川　ドラマの中で平尾さんのお母様が病室に入ってこられて叱咤激励する。平尾さんが本当にもう長くないように思われたのが、自宅に帰れるまでに回復される。私はさすがにフィクションじゃないかなと思ったのですが、すべて事実だと知って、人間の回復力というか、人間はまだまだ未知の部分があるんだなと感じました。

山中　亡くなるまで「自分が同じ立場だったら、どういう治療を受けるか」と考えて、がん専門の先生方に話を聞いて回って、免疫療法という最新の治療法に望みを託したんですけれど――。いまでも「治してあげられなくてごめんなさい」と心の中で謝っています。

谷川　ドラマでもいろいろな治療を試す中で、山中さんが「これは世界初の治療だから、どんな副作用があるかわからない」と話したら、平尾さんが「そうか、先生、世界初なんか！」とものすごくうれしそうにする場面がありましたね。

山中　あれは本当にあの通りで、ぱっと顔が明るくなって。あのときのことは忘れられないです。「こいつは、なんちゅうヤツや」と思って。あのドラマはとにかく平尾さんがいかにすごかったかを伝えたい一心でつくっていただきました。本もそうです（山中伸弥、平尾誠二・惠子著『友情』講談社）。それは本当によかったなと思っています。

恩師から教わった「レジリエンス」

谷川　私は生前の平尾さんにお会いしたのは、二回ほどです。

山中　そうですか。平尾さんと僕の付き合いは出会いからわずか六年間で終わってしまって、あっという間でした。僕にとって平尾さんは高校時代からずっと憧れの人で、学生時代に三年間やっていたラグビーも彼の影響で始めたようなものです。その人に三十年近く経ってからお会いできて、そのうえ家族ぐるみで仲良くしていただいたのが、うれしくて仕方ありませんでした。

四十代になってから、あんなに仲がいい友達ができるなんて夢にも思っていませんでした。平尾さんに会うときはあまりにもウキウキしているので、家内がいつもやきもちを焼くほどでした。平尾さんは他人に対して厳しいように見えて、じつは優しい。でも自分に対してはものすごく厳しかった。

谷川　体は大きくて、一見、明るくて豪快な感じですよね。

山中　ええ。口は良くないし、友達のこともからかうけれども、じつはいつも相手への気配りを欠かさず、ふところが深い人でした。

谷川　そうですね。

山中　平尾さんが亡くなった四ヵ月後に京都市内で行われたマラソン大会で、僕は自己ベストを十分以上更新してゴールしました。走っているときに、平尾さんから背中をずっと押されているような感覚がありました。「先生、行けるで、行けるで」という彼の声が確かに聞こえる気がしたんです。いまでもレース中に彼の声が聞こえるような感覚になることがありますよ。日々の生活の中で、平尾さんがすぐ近くにいる不思議な感覚にとらわれることがあるんです。

谷川　お二人はそれほどの関係、山中さんにとってはそれほどの存在だったんですね。

山中　じつは平尾さんを亡くした前後に、僕は二人の大切な人を失っているんです。一人は中学時代に初めて柔道を教えていただいた西濱士朗先生で、二〇一三年にやっぱりがんのために亡くなりました。じつは、僕はその恩師から、前にお話しした「レジリエンス」という言葉を教わったんです。

病気がかなり悪くなられた時期にお会いする機会があって、先生が「レジリエンスというのは、つらい出来事があったとしても、しなやかに対応して生き延びる力のことだ。震災みたいに大変なことが起こったときに希望を失わず立ち直る人がいる。そういう立ち直る力のことをレジリエンスというんだ」と。

そして「レジリエンスは生まれつき備わっているものじゃない。柔道と同じで後からでも鍛えることができる」と言われる。では「どうやってそのレジリエンスを鍛えるか」というと、先生は「僕は感謝だと思う」とおっしゃったんです。四十年ぶりに先生の授業を受けているような気持ちになりました。

谷川　感謝によってレジリエンスが鍛えられる、と。

山中　ええ。亡くなったもう一人はというと、じつは先ほどお話しした僕の母で、二〇一七年のことでした。そう言えば、母は「良いことはおかげさま、悪いことは身から出たさび」という精神の持ち主で、人への感謝を忘れない生き方を教えてくれた気がします。

父のときは研修医だったために仕事を休めず、最期を見送れなかったので、母のときはなんとか最期までそばにいてあげたいと思っていました。でも海外出張が多い仕事で、母の容態が悪くなっていったときも出張中でした。でも母はちゃんと待っていてくれて、私が帰国した日の翌朝に亡くなりました。父の会社を引き継いだときはいろいろつらいことも多かったと思いますが、亡くなる前はニコニコ笑いながら、「ありがとう。ありがとう」と感謝の言葉だけを口にしていました。「お母さんはいまが一番幸せなのかもしれないな」と思ったほどです。

生きていることは当たり前ではない

谷川　山中さんはごく近しい人を次々に亡くされて、生き方に対する考えが変わったとおっしゃいましたけれど、私の場合は、一九九五年一月の阪神・淡路大震災での経験がそれに当たるような気がします。

三十二歳のときでしたけれども、地震が起きた当初は、ただ無我夢中でした。両親が住む実家は全壊しましたけれども、近くの小学校に避難したという連絡が入ったのが地震から三時間後ぐらいでした。その翌日に当時住んでいた神戸の人工島「六甲アイランド」の対岸でＬＰガスが漏れているため、島の南側に朝から夕方まで避難していました。ガス漏れなので目に見えません。漠然とした感じですけれども、ひょっとしたらと考えないではなかったですね。

ただ、このときは両親や自分たちのことで精一杯でした。順位戦のためにどうやって神戸から大阪へ脱出するか。史上初の七冠制覇を賭けて挑戦する羽生さんとの王将戦をどう戦うか。この後の住まいをどうするか。いろいろなことを同時に考えていたので、人の生き死にや命について考える余裕はありませんでした。

いろいろ考えられるようになったのは、三月下旬に王将戦が終わって生活も少し取り戻せたときです。それまで自分が生きていることは当たり前でした。でもそれはじつは当たり前ではないんだなと考えるようになりました。あのとき、自分がいた場所や地震が起きた時間によっては、ひょっとしたら命を落としていたかもしれない。なぜ人の命が偶然によって左右されてしまうのか、と。

山中　災害で生き残る人がいる一方で、亡くなる人がいます。身内を亡くされて震災を一生背負っていく方もいますね。

谷川　そうです。それはなぜなのか、いくら考えても答えは出ません。いまでも自然災害が起きると、同じような思いに襲われますけれど、考えても理解できないこと、結論の出ないことは封印して、前に向かっていくしかないと思っています。

山中　われわれの年齢になると、身近な人の死に遭いますけど、そのたびごとにわが身に照らして考えることになりますね。

谷川　自分の経験で言うと、毎年受けている健康診断で以前、腫瘍マーカーの数値が正常値の四倍ぐらいになったことがありました。当時、五十八歳でした。考えてみると、先輩方は六十歳ぐらいでなんらかのご病気をされています。大山先生が結腸がんの手術で休場されたのが六十一歳。中原先生は六十歳のときに脳出血で倒れて、そのまま引退されました。

もしがんが発見されれば、生活が大きく変わります。家族にも迷惑をかけます。休場届を出さなければいけない。実際に数値が高かったのは一回だけで、あらゆる精密検査を受けて、「大丈夫です」と言ってもらうまでの約半月間は、本当に気が重かったです。

若いうちは余力があるので、少しぐらい病気になっても元に戻れますが、だんだん年齢が上がってくると、その余力がなくなってきます。若いと思ってはいても謙虚にならなければいけない、過信せずに普段から気をつけなければいけないということを、あらためて思いました。

でもそのおかげで定期的に病院へ行くようになり、健康診断を含めて年に三回ぐらい検査を受けています。診断結果には驚かされましたけれども、それをプラスに転じて検査の頻度を高めて受ける習慣ができました。

木村十四世名人と大山十五世名人の最期

山中　身近な人や自分の死に触れたり意識したりすることで、逆に僕らはそれまでの人生や生き方を見直すことになるんですね。

谷川　そう思います。やはり大先輩の話になるんですが、一時代を築かれた木村義雄十四世永世名人と大山康晴十五世永世名人、この二人の引退の形がある意味対照的で考えさせられます。

木村先生は戦前戦後に名人を十年ほど続けられたのち、一九五二年に大山先生に名人位を奪われて、そのときに「良き後継者を得た」という有名な言葉を残されて、まもなく現役を引退されるんですね。そのときは四十七歳です。正確な言葉は定かではないんですけれど、「木村を倒す者を木村がつくるのが木村の務めである」といった言葉も残されています。

山中 すごく潔い引退ですね。

谷川 ええ。そのまま現役を続けられたら、タイトル戦に出るぐらいは普通にできたと思います。その後は解説や公式戦以外の対局をときどきされて、晩年はそれほど表に出てこられませんでした。名人と将棋連盟会長の両方を務める時期もありましたし、将棋界の隆盛を築き上げて棋士の地位を非常に高められた方なので、後輩たちの尊敬を集められていましたね。亡くなられたのが一九八六年十一月十七日の「将棋の日」、将棋盤のマス目九×九と同じ盤寿、八十一歳でした。まさに棋士人生をまっとうされたような先生でした。

山中 本当ですね。

谷川 一方の大山十五世名人は、一九九二年に六十九歳で現役のまま亡くなられました。六十三歳で名人戦、六十六歳で棋王戦のタイトル挑戦者になるなど、生涯トップ棋士だったわけです。亡くなられる前の年に二度目のがんがわかったんですが、手術後すぐに復帰されました。その間、A級順位戦の日程を調整して不戦敗もなく、六勝三敗でプレーオフに残るほどの活躍をされました。

そのA級のリーグ戦最終局で私は大山先生と対局したんですが、先生は肝臓がんの手術をした三ヵ月後で、対局中、観戦記者に向かって「肝臓を半分切って隙間が空いているから、横になると内臓が動くのがわかるんだ」ということをボソッと話されるんですよ。こちらはびっくりして、空恐ろしくなったのをよく覚えています。

山中　それはそうでしょう。

谷川　大山先生はこれが最後の対局になるかもしれないという思いは持たれていたと思うんですよ。もう勝ち負けを超越した境地にあったのではないかなと思います。置き土産という言い方は失礼かもしれませんが、三十九歳差もあってそれまでは本気を出す相手ではなかった私に、将棋の神髄を見せていただいた一局でした。私はその対局で完敗した結果、大山先生、南芳一九段、高橋道雄九段、私が六勝三敗で並んで、四人が挑戦権を争うプレーオフに進むという大混戦になるんです。

プレーオフで高橋九段と対局した大山先生は、優勢だった将棋を逆転負けするんですけど、最後の一手まで指されました。普通はもっと前に投了するんですけれども、一手詰めのところまで指した。次の順位戦は指せないかもしれないという思いを象徴するような光景でした。

六十八歳というと、長時間の対局は本当につらいはずです。でも大山先生は手術から明けて何局か順位戦を指されました。特に私や高橋さんとの対局では、ほとんど持ち時間いっぱいに使っていらっしゃいました。やはり一秒でも長く盤の前に座っていたいという気持ちがあったんでしょうね。限られた時間の中で、誰にも邪魔をされず、時代のトップ棋士と自分だけの世界でベストを尽くす。すごく充実した時間を過ごされたと思います。最後の最後まで十五世名人として戦われました。

山中　その年の名人戦は結局、どうなったんですか。

谷川　高橋九段が勝ち上がり、中原誠名人への挑戦者になりますが、中原先生が名人位を防衛しました。

山中　言ってみれば死期を悟った対局ですから、一手一手が貴重だったでしょうね。あまりないことじゃないでしょうか。

谷川　そうですね。もう一つ挙げれば、一九九八年に二十九歳という若さで亡くなった村山聖《さとし》九段がそうでした。彼の場合は進行性の膀胱《ぼうこう》がんでした。名人をずっと目標にしていたので、大手術の後に復帰して、B級1組の順位戦を一年間必死に戦ってA級への昇級を果たしました。でももう体が持たず、四月に休場して八月に亡くなりました。彼も自分の体のことはわかっていたと思います。

山中　村山九段を描いた『聖の青春』は、ドラマや映画にもなりましたし、人気アニメのモデルにもなりましたよね。

谷川　持ち時間六時間の順位戦は日付が変わるまで戦う、棋士にとって一番過酷な対局です。正直言って、大山先生の場合は、長時間の対局に耐えられる体ではなかったんじゃないかと思います。ただ、大山先生はじっとしていることがとてもお嫌いな方で、点滴台を持って病院内を動き回っていたとか、病室で色紙を書いていたとかいう話もよく聞きました。大山先生としては、最後まで現役棋士、トップ棋士として生涯を終えたかった。じっとしているのは、大山先生にとっては、もう死ぬことと同じだったのかなという感じがしますね。

山中　やっぱり根っからの勝負師という感じでしょうか。

谷川　はい。大山先生は順位戦ののちも対局を続けられ、亡くなられたのは、順位戦の四ヵ月後、最後の対局から一ヵ月後の一九九二年七月下旬でした。年齢的には早かったですけれども、大山先生らしい最期かなと思います。一方、木村先生と私は年齢が離れているので何度かお会いしただけですが、本当に見事な人生としか言いようがありません。お二人の生きざまから、私たちは大切なものを受け取ることができるように思います。

死は最後のメッセージ

山中　僕は昔からSFが大好きで、記憶に残っている話があるんです。重い病気でずっと意識がない人が夢を見る。夢できれいな奥さんが出てきて「あなた、私たちを置いていかないで。待っているから」、子どもも「パパ、早く帰ってきて」と言う。「そうだ、おれはこんなところで死ねない」と思って意識が戻ったら、それは研究者が患者を元気にするための機械でつくりだした夢ということがわかって、それで絶望して死んでしまうという話です。それだけ本人の気持ちが病状を左右する。

谷川　いつごろ読まれた話ですか。

山中　小学生ぐらいのときです。あとは、全身が動かなくて意思の疎通ができない病気で長く苦しんでいる患者さんの話です。研究者が意思の疎通ができる機械をつくった。「これでこの患者さんも喜ぶだろう」と思ったら、出てきた言葉が「キル・ミー、キル・ミー」、「おれを殺してくれ」。人は単に生きているだけでは、幸せではないということなのか、そのときは、それがどんな病気か想像もつかなかったけれども、いまだとALSなどいくつかの病気はまさにそういう状態です。

谷川　悲しい話ですね。

山中　そうなんです。その二つがすごく記憶に残っていて、そのときは自分が医者とか医学研究者になるとは全然思っていませんでした。でもじつは影響を受けていたのかもしれませんね。もちろん病気だからといっても幸せな人はいっぱいいますし、健康だからといっても幸せでない人もいっぱいいます。平尾さんは幸せだったと思います。あれだけの難病でしたけれど、家族に支えられて。もちろん実際にどうだったのか、本人に幸せかどうかなんか聞けないからわからないんですけど。

谷川　誰もがそうだと思いますけれども、十代、二十代のときは自分が死ぬことをあまり考えませんし、自分は死なないとさえ思っているところがありますよね。だからこそ十代、二十代は無茶もできるし、私自身もそうでした。

いまは元気なので、偉そうなことを言っていますけれども、実際、死が目の前に迫ってきたときに心穏やかにいられるかどうかはわかりません。ただ、歳を取って人間が少しずつできることができなくなって下降線をたどっていくことは自然なことで、そのこと自体も自分の子どもや家族、後輩たちに身をもって示すことができればとは思っています。

山中　はい、下り坂を楽しむのも大切ですね。「昨日」は「ヒストリー」(歴史)で変えることができませんし、「明日」は「ミステリー」でどうなるかわかりません。「今日」は英語で「プレゼント」ですが、与えられたこの瞬間を大切に生きようと思っています。

谷川　一人の人間が亡くなるということ自体が、次の世代に最後のメッセージを残すことだと思います。いま、ほとんどが核家族になって、なかなか子どものうちに身近な人の死に接する機会が少なくなってきています。それは必ずしもいいことではないような気がします。たとえば、八十代で亡くなれば、孫や曽孫に何か大事なメッセージを残すことになります。もちろん、どう受け取るかは人によって違います。年齢にもよりますけれど、悲しいと思う気持ちとか、命や健康の大切さとか、いろいろなことを受け取るはずです。

山中　そうですね。そのうえで将棋や研究の世界だけではなく、どの分野でも次の世代の人たちには僕たちをステップにして飛躍してほしいと思います。そして、僕たち自身は先人たちがそうであったように、良きステップでありたいですね。

ｉＰＳ細胞が先輩たちの研究成果をさらに発展させてできたように、科学の歴史は研究者の努力の成果が脈々と受け継がれていく長い長い駅伝みたいなものです。膨大な数の研究者が論文というたすきを次の世代に渡していく。勝負の世界なら、若い世代が先輩たちに挑戦し、乗り越えていくことでさらに強くなっていく。

決して自分がゴールを切るわけではないけれど、それぞれが自分の役割をしっかり果たし、それを受け継いだ次の世代がさらに大きな仕事をする。その姿が結局、僕たちのいちばんの喜びであり、人間を絶えず前進させていく力なんだと思います。

おわりに

山中伸弥

二〇二四年四月十五日、長年の夢だったボストンマラソンに参加しました。京都市と米国ボストン市が姉妹都市提携六十五周年を記念してボストンのほうから出場を打診され、一八九七年に始まった世界最古のマラソン大会に挑んだのです。

直前に風邪をひいてしまい、一時は参加をあきらめかけましたが、万全とは言えない体調でも何とかエントリーして完走することができました。ここ十年間で一番厳しい走りでしたが、ゴールできたときは、ほっと安堵するとともに「走って良かった」という充実感に満たされました。

大会後、現地で参加した会合では、ボストンの方々にシニアランナーの健闘を拍手でたたえていただきましたが、一週間経っても身体へのダメージはしっかりと残っていました。

六十歳まではタイムを伸ばそうと頑張って、実際伸びてきました。「人生まだ上り坂」と思っていましたが、そろそろ峠か、いやまだ頑張れるのか、あるいはもう下り坂を迎えているのか、自分ではまだわかりません。

少し前に還暦を迎えて、一人の人間として暦の上ではひと巡りしました。そんな人生の節目に自分と同い年の谷川浩司さんと対談する機会をいただき、自分の人生をあらためて考えるきっかけになりました。

谷川さんは同い年であるばかりでなく、同じ関西生まれ、私が大学時代を過ごした神戸出身ということで、最初から親しみをもって接することができました。初めてお会いしたとは思えないほど緊張せずに言葉を交わし、対談後は京都の街で酒食までご一緒して、楽しい語らいの時間を過ごさせていただきました。

永世名人をはじめとする偉業を達成されながら、今も現役として厳しい戦いの場に身を置いていらっしゃいます。それにとどまらず、研究にＡＩを取り入れることによって、さらなる進化の可能性を模索されています。お話を伺いながら、その姿勢と覚悟に感銘するとともに、まだまだ自分も頑張らなければと大いに刺激を受けました。

大先輩の棋士の方々が晩年、いかに将棋に向き合ったかを紹介されて、谷川さん自らも現役最長の棋士として歴史を継承していくという役割を明確に意識しておられます。その力強い言葉の一つ一つに共感を覚え、自分の役割を再認識させられました。

私の研究分野で言えば、iPS細胞は今目指している臨床応用可能な再生医療と創薬は、私の現役時代に第一歩を踏み出しました。次の世代ではさらに力強く達成されているはずです。

しかし、それで終わりではありません。その次の世代では、一つの研究成果が今は考えもつかないような新たな発見や技術にきっとつながっていくと思います。そうして科学は進展し、人類に貢献してきました。その長い歴史の一つのパートとして私も与えられた役割を着実に果たしていきたいと思っています。

今年九月にはボストンマラソンと並ぶ世界六大マラソンの一つ、ベルリンマラソンに挑戦したいと思っています。そのとき、ランナーとしての峠は、私の前にあるのか後ろにあるのか。

ただ確実に言えるのは、下り坂のときは必ずやってくるということです。私の場合は、もう間もなくです。しかし不安はありません。下り坂には下り坂の楽しみ方があるはずです。そういう気持ちを忘れずに過ごしていくことを心掛けたいと思っています。

二〇二四年五月

構成　片岡義博
編集協力　岡村啓嗣

谷川浩司

1962年、神戸市生まれ。73年若松政和八段に入門。76年四段。83年6月15日、加藤一二三名人を4勝2敗で破り、史上最年少(当時)の21歳2ヵ月で名人位を獲得。97年6月11日、羽生善治名人を4勝2敗で破り、通算5期で十七世名人の資格を得る。タイトル獲得数は27。棋戦優勝は22。2012年12月より17年1月まで日本将棋連盟会長。14年、紫綬褒章受章。22年現役棋士として十七世名人襲位。

山中伸弥

1962年、大阪市生まれ。神戸大学医学部卒業、大阪市立大学大学院医学研究科修了(博士)。米国グラッドストーン研究所博士研究員、京都大学再生医科学研究所教授などを経て、2010年に京都大学iPS細胞研究所所長、22年4月から同名誉所長・教授。12年、ノーベル生理学・医学賞を受賞。20年4月から公益財団法人京都大学iPS細胞研究財団の理事長を兼務。

講談社+α《プラスアルファ》新書 770-3 A

還暦《かんれき》から始《はじ》まる

谷川浩司《たにがわこうじ》
山中伸弥《やまなかしんや》

2024年6月18日第1刷発行

発行者——森田浩章
発行所——株式会社 講談社
東京都文京区音羽2-12-21 〒112-8001
電話 編集(03)5395-3522
販売(03)5395-4415
業務(03)5395-3615
デザイン——鈴木成一デザイン室
カバー印刷——共同印刷株式会社
印刷——株式会社新藤慶昌堂
製本——牧製本印刷株式会社

KODANSHA

定価はカバーに表示してあります。
落丁本・乱丁本は購入書店名を明記のうえ、小社業務あてにお送りください。
送料は小社負担にてお取り替えします。
なお、この本の内容についてのお問い合わせは第一事業本部企画部「+α新書」あてにお願いいたします。

ISBN978-4-06-536406-2

講談社+α新書

完全シミュレーション 台湾侵攻戦
山下裕貴
来るべき中国の台湾侵攻に向け、日米軍首脳は分析を重ねる。「机上演習」の恐るべき結末は――
990円 864-1 C

ナルコスの戦後史 ドラッグが繋ぐ金と暴力の世界地図
瀬戸晴海
ヤクザ、韓国反社、台湾黒社会、メキシコカルテル、世界の暴力金脈を伝説のマトリが明かす
1100円 865-1 C

The アプローチ スコアを20打縮める「残り50ヤード」からの技術
タッド尾身
タイガー、マキロイ、ミケルソンも体現した欧米式ショートゲームで80台を目指せ！
1100円 866-1 C

「山上徹也」とは何者だったのか
鈴木エイト
安倍晋三と統一教会は彼に何をしたのか、彼の本当の動機とは、事件の深層を解き明かしてゆく
990円 868-1 C

在宅医が伝えたい
「幸せな最期」を過ごすために大切な21のこと
中村明澄
相続・お墓など死後のことだけでなく、じつは大切な「人生の仕舞い方」のヒントが満載
990円 869-1 B

「人口ゼロ」の資本論 持続不可能になった資本主義
大西広
なぜ少子化対策は失敗するのか？ 日本最大の難問に「慶應のマル経」が挑む、待望の日本再生論
990円 870-1 C

薬も減塩もいらない
1日1分で血圧は下がる！
加藤雅俊
血圧を下げ、血管を若返らせる加藤式降圧体操を初公開。血圧は簡単な体操で下がります！
968円 871-1 B

1日3分！
血圧と血糖値を下げたいなら血管を鍛えなさい
加藤雅俊
血管は筋肉です！ つまり、鍛えることができます。鍛えるための画期的な体操を紹介します
968円 871-2 B

この間取り、ここが問題です！
船渡亮
間取りで人生は大きく変わる！ 一見よさそうな間取りに隠された「暮らしにくさ」とは!?
1034円 872-1 D

俺たちはどう生きるか 現代ヤクザのカネ、女、辞め時
尾島正洋
スマホも、銀行口座も持てないのになぜヤクザを続けるのか。新たなシノギと、リアルな本音
990円 873-1 C

国民は知らない「食料危機」と「財務省」の不適切な関係
森永卓郎 鈴木宣弘
日本人のほとんどが飢え死にしかねない国家的危機、それを放置する「霞が関」の大罪！
990円 860-2 C

表示価格はすべて税込価格（税10%）です。価格は変更することがあります